ATELIER
d'écriture

Remerciements de l'auteure :
Si ce livre est bien sûr le fruit de mes ateliers d'écriture, je souhaite particulièrement remercier deux personnes qui m'ont stimulée dans l'expression de mon enseignement : ma fille Elora Thévenet (réalisatrice de cinéma) et Giuseppe Melillo (chargé de cours à l'UNIL Lausanne), qui ont échangé avec moi de longues conversations sur le sujet.

Laure d'Astragal prépare actuellement un troisième ouvrage sur l'écriture comme outil essentiel pour accéder au bonheur. Elle coache un groupe de passionnés d'écriture et collabore avec plusieurs magazines sous différents pseudos.

Autres parutions :
L'Écrit d'amour, aux Éditions Le Cercle en 2004, puis Poche en janvier 2005.
Bis repetita, aux Éditions Le Cercle en janvier 2006, puis Poche en 2010.
Naissance d'une mère, aux Éditions Amnour en 2008.
L'Amour fantôme, aux Éditions Le Cercle en 2008, puis Poche en 2011.
Matermorphoses, aux Éditions Amnour en 2009.
Tantriques tentations, aux Éditions Amnour en 2013.
J'écris ma vie pour mieux me connaître, aux Éditions Albin Michel en 2014.

Direction de la publication : Isabelle Jeuge-Maynart et Ghislaine Stora

Direction éditoriale : Catherine Delprat (pour la première édition),

Émilie Franc (pour la présente édition)

Édition : Brigitte Bouhet

Direction artistique : Géraldine Lamy

Conception graphique : Aurore Élie

Réalisation : Nord Compo

Fabrication : Donia Faiz

Illustration de couverture : © Shutterstock

© Larousse, 2013, pour l'édition originale
© Larousse, 2021, pour la présente édition
ISBN : 978-2-03-5-98537-8

Laure d'Astragal

ATELIER
d'écriture

La méthode pour révéler
l'écrivain qui sommeille en vous !

LAROUSSE
POCHE

SOMMAIRE

PRÉAMBULE

Lorsque j'ai rédigé mon premier roman, j'écrivais avec une grande facilité, les textes que je produisais chaque jour s'emboîtaient comme si je brodais une vaste tapisserie, et quand on me demandait pourquoi je plaçais ce paragraphe avant tel autre, j'étais à court d'arguments et je répondais que je sentais les choses. C'est ainsi que la chance m'accompagna jusque chez l'éditeur. Parce que c'était inespéré, j'ai cru qu'une bonne étoile était en transit dans mon thème astral.

J'ai aussitôt rédigé un nouveau roman, et quand les réponses négatives revinrent l'une après l'autre des maisons d'édition, j'ai admis qu'il était temps de comprendre les mécanismes d'une histoire.

Malgré les recherches d'informations sur Internet et dans des livres, le déclic ne se faisait pas, les conseils me semblaient superficiels et j'avais l'impression de survoler le sujet sans entrer justement dans l'histoire de l'histoire. Alors j'ai suivi un cours d'expertise de scénario* où j'ai compris que d'autres se posaient les mêmes questions pour réussir l'écriture d'un film.

Savoir écrire une histoire n'était plus un don divin, mais une intelligence profonde de la compréhension de la vie, qui répondait à une structure bien cadrée par un processus d'élaboration complexe mais abordable.

Écrire est un exercice délicat où il ne suffit pas d'aligner des phrases, il faut également plaire au lecteur. **Écrire, c'est séduire**. La preuve ici même, si je réussis à vous amener au bout de ce livre, j'aurai gagné mon pari.

PRÉSENTATION DE LA MÉTHODE

C e livre propose une méthode en dix leçons sur 10 semaines à ceux qui veulent écrire en se faisant plaisir.

Un jour ou l'autre, nous avons tous cédé à l'envie d'écrire ; au début l'exercice semblait facile, le stylo glissait et composait des boucles, des jambages, des arrondis, dessinant une guirlande sur la belle page blanche. Mais le désir* ne suffit pas, trop vite l'inspiration manque et le beau projet s'essouffle. On referme le cahier en pensant que la muse n'était pas au rendez-vous, que nous n'étions pas l'élu et que l'écriture, ce n'était pas pour nous.

En premier lieu, demandez-vous si vous voulez prendre du plaisir en écrivant ou fabriquer un objet qui se vende. Votre attitude face à l'écriture sera complètement différente, puisque dans le second cas vous serez obligé d'écrire chaque jour comme s'il s'agissait d'un travail.

La rédaction d'un roman ou d'un poème s'apprend comme toute autre chose, d'ailleurs. Suivant l'exemple américain, de nombreuses universités européennes proposent maintenant des cursus pour devenir écrivain. Les rayons spécialisés des librairies vendent de plus en plus d'ouvrages destinés à l'apprentissage de l'écriture ; pourtant aucun écrivain ne se vante d'avoir débuté ainsi, préférant se réfugier derrière la bénédiction de la muse mythique censée lui souffler l'inspiration divine.

Aimer écrire ne suffit pas pour être satisfait du résultat.

Même après avoir lu des quantités de livres sur le sujet, vous n'avez probablement pas encore réussi à rédiger une histoire* ou peut-être êtes-vous parvenu jusqu'à l'envoi d'un manuscrit* à de nombreuses maisons d'édition sans avoir la chance d'être édité.

Comme vous, j'ai déjà lu plusieurs de ces ouvrages, sans y trouver le secret de l'écriture. Voilà pourquoi ce livre : parce que ces ouvrages, sûrement très bons dans leur domaine, ne répondaient pas à l'attente profonde du lecteur et que la vraie aide en matière d'écriture passe par un coach qui sache s'adapter à chaque personnalité.

Pendant plusieurs années, j'ai développé en atelier d'écriture une méthode dynamique qui donne de bons résultats. Je sais combien il est difficile de trouver un livre d'écriture qui fasse écrire, c'est pourquoi j'ai eu envie de vous faire partager mon expérience.

Ce guide vous accompagne durant **10 semaines pour** :
– **apprendre à avoir des idées ;**
– **apprendre à ordonner vos idées ;**
– **apprendre à s'affirmer capable d'écrire ;**
– **apprendre à écrire une histoire à tous les coups.**

La méthode s'appuie sur un peu de théorie et beaucoup de pratique. Elle vous demande de la rigueur au niveau de l'entraînement puisque votre seul coach, c'est vous-même.

L'ordre proposé répond à une progression logique depuis l'émergence de l'idée jusqu'à la finalisation du manuscrit. Je n'ai pas la prétention de vous enseigner l'écriture, mais de vous transmettre, d'une part, des outils et des techniques d'assemblage pour monter votre histoire (comme si je vous expliquais comment construire un meuble en kit) et, d'autre part, des conseils pour faire émerger vos idées (comme si je vous aidais à exprimer votre besoin pour savoir comment le décorer et à quoi l'utiliser).

L'entraînement comprend plus de 70 exercices répartis sur la durée des 10 semaines d'enseignement. La première semaine, nous aurons un rendez-vous journalier, puis il vous suffira d'ouvrir votre livre, une fois par semaine, ce qui nous fait en tout quinze rendez-vous où nous alternerons théorie et pratique pour vous guider vers l'écriture. Les répétitions que vous remarquerez sont volontaires, de façon à ancrer en vous des principes essentiels nécessaires à votre progression. À la fin du livre, vous trouverez un glossaire que je vous encourage à consulter régulièrement au cours de votre apprentissage. Chaque mot listé est signalé par un astérisque à sa première occurrence.

Comme toute activité artistique, l'écriture s'appuie sur deux piliers : **la créativité et l'application méticuleuse d'une technique.** Or les méthodes traitant du sujet ont tendance à séparer les deux alors qu'elles sont indispensables l'une à l'autre comme les deux jambes de votre corps le sont pour marcher.

Pour vous encourager dans votre voyage, je reste à votre disposition par mail pour vous aider et répondre à vos questions. Avec l'achat de ce livre, vous avez la possibilité de me contacter directement à l'adresse : aupaysdelecriture@gmail.com

PRÉPARATION À L'ÉCRITURE

L e secret de l'écriture repose sur l'harmonie de l'imaginaire et du rationnel, grâce à la connexion de vos cerveaux gauche et droit…La toute-puissance !

Imaginez deux enfants qui jouent, « Abracadabra, dit l'un, j'ai le pouvoir suprême de te transformer en clown qui rigole ou en Pierrot qui pleure ». Et l'autre s'exécute. Ce n'est qu'un jeu de rôles aux émotions feintes. En devenant écrivain, vous recevez le don d'agir vraiment sur les émotions des autres, vous êtes créateur de joies et de peines, de rires et de larmes, de frissons d'horreur ou de bonheur, improvisateur d'histoires, inventeur de nouveaux mondes et d'êtres bizarres.

L'écriture confère le pouvoir magique de décider et de créer. Les frustrations de la vie se métamorphosent en conte de fées au fil du récit* que vous construisez ; vous devenez un dieu créateur de personnages*, de décors, d'événements, de couleurs et de passions, tout un monde pour pas un sou, juste en concrétisant vos pensées sur une feuille blanche. Vous titillez les sentiments de vos lecteurs pour les séduire ou les terrifier de façon à capter leur attention.

Et simultanément, un autre rêve se construit, le rêve de cet avènement tant espéré d'être édité, vous consacrant roi du royaume de vos lecteurs que vous embarquerez dans votre aventure de papier.

Surtout, n'écrivez pas parce qu'on vous dit d'écrire, cette attitude serait orientée vers la démarche de répondre à une demande de satisfaction de l'autre. Avant de vous lancer, posez-vous la question suivante une fois par heure durant toute une journée :

« Qu'ai-je envie de faire pour moi et pour les autres ? »

Si le « désir d'écrire » répond à cette interrogation, vous serez dans la plus parfaite honnêteté vis-à-vis de vous-même et toutes les conditions seront là pour vous accompagner dans ce programme.

POURQUOI AI-JE LE DÉSIR D'ÉCRIRE ?

Vous n'avez pas acheté ce livre par hasard, vous attendez qu'il vous apporte enfin une méthode efficace. Avant de continuer la lecture, installez-vous confortablement, fermez les yeux et posez-vous à répétition la question ci-dessus. Puis inscrivez la réponse qui vous est venue.

On écrit pour être lu, pour devenir quelqu'un, pour communiquer, pour exprimer des pensées, pour formaliser des concepts diffus, pour évacuer un trop-plein d'émotions, pour graver des souvenirs, pour transmettre un savoir…
   On écrit pour exprimer ce que l'on aime ou ce que l'on n'aime pas.
   On écrit pour déverser son amour ou soulager une colère.
   On écrit pour les autres ou on écrit pour soi.

Qu'est-ce que l'écriture ?

L'écriture est l'art d'exprimer les « cris », émotions, ressentis, sensations, points de vue, positions. Écrire serait un moyen de formuler à l'autre notre richesse intérieure pour lui transmettre un message qui sera réceptionné par la lecture.
   Je distingue deux grands types d'écriture, selon que leur objectif* consiste :
- à transmettre un savoir ou un enseignement ;
- à s'évader en entrant dans la fiction* grâce à l'expression d'un point de vue au travers d'une histoire, cette dernière pouvant être réelle ou fictive.

Les écrits se décomposent donc en deux grandes familles :
- **celle de la transmission d'informations** (documentation technique, magazine, journal, recueil de recettes…) qui se veut au plus près de la vérité « utilitaire » ;

– celle de la transmission de valeurs morales ou spiri-
tuelles émanant d'une réflexion individuelle qui se doit
d'être la plus originale possible.

Ce deuxième aspect comporte des leçons de vie. Pour les illus-
trer, l'auteur est censé faire rêver le lecteur, mais le rêve ne
sera possible que si l'information, premier volet, est sérieuse.
Ce n'est que sur une base solide que peut se construire le plus
extravagant des personnages ou le plus incroyable des mondes
pour permettre de créer une intrigue* passionnante.

Différentes sortes de récits et de genres

L'écriture se construit sur deux sortes de source : **la réalité et
la fiction**.

La réalité s'appuie sur des enquêtes, des témoignages, des
faits-divers ; la fiction se nourrit de l'imaginaire.

On distingue trois grandes catégories d'écriture : **le théâtre,
le récit et la poésie**.

Pour ce qui concerne le récit, on trouve : **le roman, le conte
et la nouvelle***.

Avant de vous lancer dans l'écriture, vous aurez choisi votre
genre et vous vous y tiendrez jusqu'au bout. Classer votre texte
dans un genre est très important ; c'est avant tout une façon
de renseigner votre futur éditeur et de savoir si vous entrez
dans l'une de ses collections. C'est aussi ainsi que sera rangé
votre livre en librairie. Ne négligez pas cet aspect. Pour une
première fois, choisissez le genre que vous aimez en tant que
lecteur. Écrire est un plaisir, alors sélectionnez ce qui vous plaît.
En optant pour le genre d'histoire que vous allez raconter, pensez toujours à l'adaptation cinématographique de votre livre.

Il existe de nombreuses variantes de catégories, voici les plus
courantes :
• action (avec un super-héros) ;
• aventures (action, quête, exotisme) ;

- comédie (histoire drôle) ;
- comédie dramatique (sujet* sérieux avec lueur d'espoir) ;
- comédie sentimentale (histoire d'amour qui finit bien) ;
- romance (histoire d'amour qui finit mal) ;
- conte (pour enfants ou avec des personnages caricaturaux) ;
- drame (personnage attachant, but universel, échec) ;
- drame psychologique (introspection*) ;
- fantastique (un pan de réalité s'écroule, surnaturel) ;
- fantasy (voyage dans un monde irréel) ;
- science-fiction (voyage dans le futur) ;
- historique (voyage dans le passé) ;
- western (voyage lors de la conquête de l'Ouest) ;
- horreur (voyage en quête d'épouvante) ;
- journal (récit chronologique au jour le jour) ;
- biographie (histoire d'une vie) ;
- policier (enquête) ;
- thriller (serial killer, enlèvement, harcèlement).

ÉVALUATION DE DÉPART

EXERCICE 01

....

AFFIRMATION

⌛ 5 min

Écrivez-le enfin : *Je suis écrivain.*

À vous : ....

Je m'appelle .... *, et je suis écrivain.*

À vous : ....

Tiens ! Vous avez hésité à écrire votre nom ! Alors choisissez un pseudo.

Je suis l'écrivain Dominique Dupont.

À vous : ....

Suscitez en vous la conviction que vous êtes un écrivain, visualisez-vous régulièrement en train de signer des dédicaces.

Avant de pouvoir imaginer un récit, un roman ou une nouvelle, vous devez déjà créer en vous l'idée que vous pouvez effectivement écrire ce récit, ce roman ou cette nouvelle. Sinon, votre souhait restera un désir au lieu de devenir un objectif ; ce qui veut dire que votre belle envie se transformera peu à peu en un regret de plus en plus présent au lieu de devenir une joie.

Visualiser demande de la volonté et de l'entraînement. Vous devez en tout premier lieu accepter d'accorder de l'importance à votre envie d'écrire.

Soyez capable de vous isoler pour vous consacrer à cette envie et soyez capable de refuser l'emprise des étiquettes qu'on vous a collées dans l'enfance.

....

EXERCICE 02

LES ÉTIQUETTES NÉGATIVES

 10 min

Listez les peurs et les freins* qui vous bloquent dans la vie. Commencez tout d'abord par les frayeurs que vous aviez étant enfant, comme la peur des chiens ou des araignées ou d'une vieille femme ; trouvez-en au moins dix.

Fermez les yeux et écrivez au moins cinq réponses à cette question :

« Je pense que je ne peux pas être un écrivain célèbre parce que… »

EXERCICE 03

L'IMAGE DE L'EMPÊCHEUR

 10 min

Sur une feuille au format A4, pendant 10 minutes, dessinez un personnage ou un animal méchant, moqueur et mons-trueux, qui vous empêche d'écrire ; c'est la caricature de votre cerveau logique qui prend le pas sur votre cerveau imaginatif.

Puis, comme dans une bande dessinée, ajoutez-lui des bulles où vous écrirez des raisons qui, à votre avis, vous empêchent d'écrire, du genre « tu n'es qu'un bon à rien », « tu ne finis jamais ce que tu commences », « écrire, c'est pas pour les garçons », « écrire, c'est pas un métier »…

Félicitations, vous avez compris qu'une méthode pouvait vous aider à écrire, vous êtes prêt à travailler et à lâcher les principes dévastateurs des a priori négatifs qui vous empêchent d'écrire.

EXERCICE 04

LES CONVICTIONS POSITIVES

 10 min

Reprenez la liste établie à l'exercice 02, et cherchez une piste de solutions positives à chaque frein.

Réfléchissez ainsi : « Ce blocage n'existerait pas si... »

En formulant ces raisons, vous construisez des hypothèses positives qui ouvrent de nouvelles possibilités.

PRÉPARATION MATÉRIELLE

Tout manuscrit sérieux est le produit d'un travail méthodique qui nécessite une approche rigoureuse.

À moins de vous priver de sommeil et de pauses, vous devrez le rédiger en plusieurs fois, ce qui va vous obliger à quitter cette rédaction puis à vous y replonger. Pour ne pas perdre le fil, ces étapes doivent être préparées et organisées.

L'équipement
• Les outils
Il vous faut de quoi écrire et sur quoi écrire, crayon et papier, un ordinateur ne suffit pas.

L'inspiration va peu à peu venir, elle vous prendra n'importe où et n'importe quand ; vous ne devrez pas la frustrer au risque qu'elle reparte et ne revienne pas de sitôt. C'est en cela que l'ordinateur sera insuffisant : pour être toujours prêt à écrire, vos outils doivent être rapidement accessibles.
• Le stylo
Choisissez un stylo avec lequel vous avez plaisir à écrire. Faites néanmoins attention à ne pas trop investir affectivement sur l'objet, car en cas de perte, vous pourriez faire un blocage. Ce n'est pas le stylo qui écrit : c'est vous !

• La matière première : le support d'écriture

Vous voilà au régime écriture, ce qui veut dire qu'écrire va devenir une occupation de chaque instant, à condition d'y être prêt et de savoir cueillir les idées dès qu'elles vont pointer leur nez, car elles sont partout et surtout là où vous ne les chercheriez pas. Les idées viennent à vous et non l'inverse, vous devez apprendre à les apprivoiser comme un petit animal sauvage, être disponible, les respecter et les encourager. Avec une telle attitude, vous verrez peu à peu qu'une idée en appelle une autre, car si elles sont en confiance avec vous, elles vous rendront visite avec toutes leurs copines.

L'équipement pour la pêche aux idées est primordial.

- **Un cahier de voyage** au format que vous préférez compte tenu de la taille de votre sac.
- **Un carnet où vous sacrifierez les pages :** achetez-le en format de poche, pratique, à spirales ou à élastique, l'un et l'autre permettent de glisser un stylo. Ce carnet vous servira tout au long de votre apprentissage, vous êtes autorisé à lui arracher des pages, à barrer des textes, à faire des dessins, des gribouillis. Vous l'aurez toujours sur vous, il va vous servir de congélateur et de garde-manger* où vous stockerez tout ce qui vous passe par la tête. Vous ne manquerez pas d'utiliser chacun d'eux à un moment ou à un autre selon les besoins de piment que nécessitera votre écriture.
- **Des feuilles blanches ou à carreaux,** volantes ou dans un bloc (pour tracer les plans, les enchaînements, faire des fiches…).
- **Le cahier des rêves :** choisissez-le plutôt joli, il est précieux, rangez-le dans le tiroir de votre table de nuit avec un stylo (qui fonctionne) et, au réveil, notez les rêves dont vous vous souvenez, avant même de poser le pied par terre.
- **Le cahier personnel ou « cahier de réveil »,** que vous ne ferez lire à personne : il vous suivra en voyage mais pas dans la journée. Vous pouvez également utiliser un ordinateur

pour cet exercice quotidien, mais surtout pas le même cahier que pour les rêves dont le souvenir ne sera pas forcément quotidien.

Sauvegardez votre travail régulièrement ; rien n'est plus démoralisant que de perdre des heures de travail qu'on pense toujours avoir été les meilleures. Achetez-vous un disque dur amovible ou une clé USB.

Le client

C'est votre lecteur ; en choisissant le genre* de votre histoire, vous choisissez le type de lecteurs. Apprenez à les connaître, faites votre marketing, c'est vous le capitaine du bateau, mais ce sont eux que vous emmenez en voyage. Ils ouvrent votre livre pour s'évader sur un tapis volant, donnez-leur ce qu'ils attendent. Créez des personnages forts et bien trempés qu'ils auraient envie de retrouver dans un autre de vos livres. Surtout, ne les décevez pas !

PRÉPARATION PHYSIQUE

La main-d'œuvre, c'est l'écrivain, bien sûr ; je ne parlerai pas de salaire puisque la plupart des écrivains ne sont rémunérés qu'après avoir complètement terminé la rédaction de leur ouvrage.

Respectez l'écrivain qui est en vous, accordez-lui des pauses, du sommeil, une vie saine et équilibrée, des promenades, des sorties, des moments de joie et d'amour. Soyez régulier dans vos rendez-vous d'écriture comme s'ils étaient des moments d'hygiène.

Choisissez une place qui vous parle, dans un endroit lumineux, si possible ensoleillé, un fauteuil confortable où vous pourrez allonger vos jambes sur un pouf tout en ayant la colonne vertébrale droite pour faciliter la circulation de l'énergie. C'est votre temple d'écriture où vous pouvez instaurer un rituel comme faire brûler de l'encens ou boire un thé ou méditer avant de commencer. Savourez ce moment de votre installation.

Veillez à votre confort, vous ne devez pas être perturbé par le fait d'avoir chaud ou froid, ni par l'envie de boire.

Évitez en revanche de vous préparer un plateau avec de la nourriture ; vous auriez tendance à grignoter lors des pannes d'inspiration et à prendre rapidement du poids ; les repas sont des moments de ressourcement et doivent être préservés comme tels.

La méthode

Le processus d'écriture est propre à chaque auteur, mais une grande majorité d'entre eux vous conseillera l'isolement et le silence. N'allez pas vous cloîtrer en attendant la visite de la muse, à trop y penser vous risqueriez de ne jamais la voir ou de ne pas la reconnaître. Essayez au contraire de ne penser qu'à vous, à votre respiration, calme, régulière.

Installez-vous confortablement, vous allez écrire…

Organisez votre environnement, coupez le téléphone s'il vous gêne ou ayez-le sous la main, avec un bloc-notes, pour ne pas avoir à vous déplacer lorsqu'il sonne ; répondez succinctement et rappelez plus tard. Le hasard n'existe pas, votre correspondant vous apporte un indice pour faire avancer votre histoire.

Prenez soin de vos mains, vos yeux vont les voir en permanence pendant que vous écrirez, elles doivent être propres et entretenues.

Respectez une hygiène rituelle. Prenez chaque jour votre « douche d'écriture », installez-vous dans votre fauteuil préféré et ouvrez le robinet des mots, laissez couler tout ce qui veut sortir, écrivez, écrivez encore sur votre « cahier de

réveil », ne cherchez pas à structurer, laissez couler, ne cen-
surez pas, acceptez la bizarrerie de vos phrases. Développer
l'habitude quotidienne d'écrire est un préliminaire indispensable. Chaque écrivain sérieux devrait tenir un journal secret.
Sa rédaction régulière vous permettra d'améliorer votre capacité à remarquer les événements de votre vie. C'est aussi un
outil très utile pour vous aider à exprimer vos émotions, vos
sentiments, et mettre à plat vos pensées intimes.

Cependant, ne tombez pas dans le piège de l'addiction et
apprenez à reconnaître le moment d'arrêter avant d'arriver
à saturation.

PRÉPARATION MENTALE

Pour écrire, il s'agit d'avoir des idées, mais aussi de construire
ses pensées et de les articuler selon une ossature à laquelle va
adhérer le lecteur.

Les neurologues s'entendent pour affirmer que les pensées
sont traitées dans l'hémisphère gauche ou l'hémisphère droit
de notre cerveau selon leur domaine d'intérêt. Ainsi, le côté
gauche est spécialisé dans le langage et la pensée rationnelle,
c'est le lieu de la théorie et du concret, tandis que le côté droit
privilégie les émotions et la vue dans l'espace, c'est le lieu de
l'intuition, de la créativité et de l'abstrait.

Dans ce livre, je vous propose une stimulation alternée de
l'un et l'autre. Vous resterez équilibré pour que l'écriture vous
valorise sans vous isoler.

Vous ne saurez rendre avec brio une situation inventée de
toutes pièces que si vous utilisez un vocabulaire bien réel,
et vous ne saurez faire rêver d'un paysage qui s'offre à vous
que si vous arrivez à glisser des mots magiques.

Qu'est-ce qu'une image magique ?
Celle qui fait rêver.

Imaginez que vous fassiez un gâteau, vous allez choisir les meilleurs ingrédients, les peser avec minutie, les ajouter dans l'ordre de la recette, les mélanger peu à peu, respecter les temps de cuisson, et vous serez satisfait du résultat qui est le fruit de votre travail ; vous êtes dans la réalité. Pas tout à fait, peu à peu les odeurs vous connectent à des souvenirs qui vous font saliver, vous vous régalez déjà du résultat, vous avez hâte de déguster votre dessert ; vous vous projetez dans une heure où vous vous ferez enfin plaisir ; tout cela relève du monde abstrait de votre imagination.

Supposez maintenant que vous fassiez goûter votre gâteau à des invités ; personne ne va avoir la même opinion ; on aime plus ou moins le chocolat, du reste je n'avais pas parlé de chocolat et je suis sûre qu'un lecteur sur deux n'y a pas pensé depuis que je vous parle de gâteau. Et si je vous demandais de le dessiner, il y en aurait de simples, d'autres à étages, d'autres avec des bougies d'anniversaire, d'autres coupés en parts dans des assiettes ; rien que ce simple gâteau que nous n'avons pas encore commencé peut nous permettre de raconter une centaine d'histoires différentes… Peut-être même risque-t-il de brûler avant d'être servi ! C'est la preuve que nous sommes tous différents.

Regardez ce texte, je l'ai écrit pour me faire plaisir et pour faire rêver les gourmands.

Si, maintenant, je veux faire rêver les hommes, voici la version que je vous propose. Vous entrez dans une discothèque, une somptueuse blonde vous sourit. Devant le vestiaire deux femmes se retournent sur votre passage, puis en arrivant au bar, vous vous trouvez près d'une belle brune pulpeuse et sexy, qui vous salue chaleureusement. Vous vous retournez vers la salle et toutes les femmes sont en train de vous regarder avec des sourires incroyablement sympathiques. Avec ce début, je fais plaisir aux hommes.

Mais reprenons, nous présentons un seul gâteau à nos invités, par exemple, une « forêt-noire », gâteau au chocolat fourré d'une couche de chantilly avec des cerises au kirsch. Quelles vont être leurs sensations ? Alors que nous pouvons décrire avec précision la recette et l'aspect extérieur de notre gâteau, nous arrivons vers une difficulté. Nous allons bien sûr les interroger avec le maximum de questions identiques pour cerner au plus près leur ressenti, mais sur dix questions, nous n'aurons jamais les mêmes réponses.

Il est évident que vous ne pourrez pas plaire à tous, mais vous devez vous y efforcer, essayer de vous mettre à la place de tous vos personnages, de changer de peau de l'un à l'autre, de les rendre vivants et attachants.

Rendre vrai ce qui est inventé et rendre irréelle la réalité, c'est votre travail d'écrivain. Écrire, ce n'est pas inventer votre humeur d'auteur, mais créer méthodiquement en mariant de façon cohérente l'imaginaire au réel.

Souvenez-vous que lorsque vous racontez une histoire à un enfant, le ton que vous adoptez fait toute la différence. Pour écrire la même chose, deux écrivains auront leur style, leur ambiance, leur personnalité qui vont transpirer dans leurs textes pour notre plus grand bonheur.

Une belle histoire sait associer avec élégance l'imaginaire et le réel.

Nous allons travailler tour à tour les deux domaines et c'est votre style qui associera les deux. Je ne vous apprendrai pas à être vous-même, votre propre travail personnel fera que vous serez une personnalité littéraire différente d'une autre ; je me fais votre entraîneur pour une compétition que vous disputerez avec vos ressources.

PRÉPARATION PSYCHOLOGIQUE

Si votre souhait le plus cher est d'écrire, vous devez tout mettre en œuvre pour que l'écriture soit à la bonne place dans votre vie. La pratique du yoga peut être un outil précieux pour vous aider à vous forger une attitude de succès dans cette entreprise.

Vous avez décidé d'écrire, vous prenez conseil, vous participez peut-être à un atelier d'écriture, vous lisez des livres sur le sujet : cela ne suffit pas.

Face aux autres

Votre environnement familial est-il au courant et partie prenante dans votre choix ?

Affirmez-vous en annonçant votre décision, énoncez clairement les nouvelles attitudes qui en découlent, notamment que vous exigez de ne pas être dérangé et que l'on respecte votre concentration. Soyez ferme dès le début pour éviter tout débordement. Mais ne profitez pas de l'écriture pour échapper à une tâche que vous faisiez pour la collectivité, sinon, trouvez une solution de remplacement. Si vous emmeniez les enfants à leur leçon de tennis, ne demandez pas à votre conjoint de le faire pour vous, un autre parent sera sûrement d'accord pour vous dépanner. Annoncez un essai d'une semaine et faites le point avec vos proches pour organiser au mieux votre emploi du temps.

Face à vous-même

Soyez sincère et honnête dans vos écrits, exprimez-vous avec votre cœur, trouvez votre voix, ne volez pas les textes d'autres écrivains, écrivez en dehors de toute agressivité, vos phrases ne seraient pas objectives. Si vous avez besoin de canaliser ou d'évacuer votre stress par l'écriture, obligez-vous à faire une séance de méditation ou un jogging d'une demi-heure pour regarder de l'extérieur l'objet de votre trouble et ne pas vous laisser dévorer intérieurement par cette perturbation « vampirisante ».

Pour vous conditionner au mieux, contrôlez et planifiez tout le reste, ainsi, vous serez rassuré et calme.

Lorsque vous faites une pause, soyez satisfait de ce moment d'écriture et félicitez-vous pour ce travail en remerciant ceux qui vous permettent ce sentiment de bonheur paisible.

Souriez et ressentez ce sentiment de plénitude caractéristique de la joie.

PRÉPARATION SPIRITUELLE

Écrire, c'est aussi développer la capacité à se connecter à des forces créatrices gigantesques tout en restant humble face à l'immensité de l'inconnu.

Quelles que soient les études ou les recherches que nous pourrons faire, nous n'atteindrons jamais la connaissance universelle.

Pour être crédible, l'auteur ne doit pas prétendre tout savoir.

Il existe des méthodes pour se brancher à des canaux d'informations, on appelle cela l'« inspiration », c'est important de lui accorder une place chaque jour et d'être dans des dispositions d'accueil. Posez-vous les deux questions suivantes :

« Que voudrais-je faire si j'avais la certitude qu'un ange me protégeait toute une journée ? »

« Que ferais-je alors pour concrétiser mon désir créatif ? »

S'il vous vient l'idée de peindre ou de chanter, peignez ou chantez. Mettez-vous en harmonie avec vos souhaits.

Identifier ses désirs, c'est un pas vers le talent.

EXERCICE 05

CONTRAT

Sur la première page intérieure de votre cahier de réveil, signez un contrat avec vous-mêmes, un engagement envers l'écriture.

Moi, ...

J'ai décidé d'écrire. Peu à peu, je sors de mon hibernation, je m'étire, j'écoute ma voix intérieure qui me souffle d'avoir confiance en moi.

Je comprends que cette méthode d'entraînement nécessite une organisation de mon temps.

Jour après jour, les moments que j'accorde à ma créativité me conduisent vers l'épanouissement.

Je m'engage pour la durée de cet entraînement à l'écriture :

– à demander à mes proches de respecter ma démarche ;
– à lire chaque jour quelques pages de journal ou de magazine ;
– à écrire mes pages du réveil jusqu'à environ cinq cents mots ;
– à dater et signer mes textes, à la fin de chaque séance d'écriture ;
– à rédiger mes devoirs chaque semaine ;
– à prendre soin de moi : repas réguliers, sommeil, hygiène, exercices physiques ;
– à m'autoriser mon temps avec moi, rendez-vous hebdomadaire avec moi-même pour un moment privilégié (lecture, cinéma, méditation, spectacle, concert, exposition, peinture, sculpture, décoration, activité créatrice, etc.).

Je sais que mes émotions vont se libérer peut-être plus fortement que je ne m'y attends, je devrai gérer leur intensité ainsi que les questions de la part de mes proches.

Date, signature

Résumé : une phrase à méditer

L'écriture rend vrai ce qui est inventé
et irréelle la réalité.

Conseil du premier jour
« Sans vous, pas d'écrivain,
donc prenez grand soin de vous. »

deuxième jour

exercices 6 à 11

POSITIONNEMENT

Cher lecteur, chère lectrice,

Hier, vous avez fait le premier pas vers la construction de votre identité d'écrivain. Votre choix et votre engagement vers l'écriture ne sont peut-être pas suffisants au déblocage du mécanisme d'écriture.

Aujourd'hui, vous allez accepter de regarder en face les obstacles* à votre désir. Une fois identifiés et nommés, ces freins pourront être contournés, ignorés, minimisés jusqu'à ce que votre confiance en vous s'installe.

ÉVACUEZ LES FREINS

Les entraves à l'écriture peuvent être d'apparences diverses : le manque de temps, les soucis, la famille. Mais aussi l'environnement où vous vivez, bruyant et impropre à la concentration… les autres vous sollicitent toujours dès que vous vous mettez à la tâche… Lorsque vous réunissez enfin les conditions parfaites de calme, de tranquillité et de confort, la feuille reste désespérément blanche ! Il semblerait donc que le tarissement de la source d'écriture soit plutôt une suite de barrages successifs qui empêchent les mots de couler jusqu'à tracer ces phrases que vous attendez tant.

Avant de vous accuser d'incapacité, tentons ensemble d'examiner les causes : viennent-elles des autres ou de vous-même ? Sont-elles extérieures ou intérieures ?

EXERCICE 06

LES ENNEMIS

⧗ 5 min les yeux fermés + 5 min d'écriture
Citez trois personnes ennemies, grignoteurs de votre confiance, sapeurs d'espoir, qui ont porté ou portent atteinte à votre créativité et votre amour-propre créatif. Écrivez quelques lignes sur chacun.

EXERCICE 07

LES BLOCAGES

⧗ 5 min les yeux fermés + 10 min d'écriture
Recherchez un incident au cours duquel vous avez eu honte de montrer au grand jour une chose que vous aviez créée : un dessin, un poème, un gâteau, un bouquet, une sculpture…

N'oubliez pas la pièce où vous étiez, les regards qui se sont posés sur vous, ce que vous avez ressenti, ce qui vous est resté sur le cœur, parlez de ce qui vous a humilié. Relisez votre texte, et dites à voix haute :
« Personne n'est autorisé à bloquer ma créativité ! »
Déchirez la feuille en petits morceaux et jetez-la.

EXERCICE 08

DÉFENDEZ-VOUS

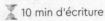 10 min d'écriture

Rédigez une lettre adressée à vous-même en accusant tous vos saboteurs, lâchez-vous et défendez-vous, en devenant le défenseur de vous-même et en écrivant combien ce fut injuste.

APPRIVOISEZ LA CONFIANCE ONIRIQUE

Vous avez compris que votre confiance en vous était directement la conséquence de la façon dont votre éducation a « moulé » votre personnalité. Les artistes et les créateurs apparaissent souvent dans l'imagerie populaire comme des rêveurs, des fainéants qui passent leur temps avec un pinceau, un crayon, un appareil photo, de la terre ou un burin, et qui, en bref, n'exercent pas un « vrai » métier qui assure des revenus financiers réguliers pour faire vivre une famille.

C'est ici que se tient la clé du problème, **la vraie création est libre**, sans contrainte et surtout sans l'obligation de gagner de l'argent, sinon il s'agit d'un business. Vous créez pour le plaisir et seulement si vous en avez envie.

Pour accéder à l'esprit créatif, évadez-vous du monde de la réalité, pensez que tout est possible dans l'espace de la création. Pour atteindre cette fabuleuse galaxie, vous vous demandez quel vaisseau spatial vous allez pouvoir emprunter. Ne cherchez pas, vous le connaissez depuis que vous êtes né, et vous le prenez au moins une fois par jour pour restructurer votre corps et récupérer votre énergie… Il a un nom tout simple : le rêve.

Alors bien sûr, durant la nuit, le sommeil a tendance à nous rendre inconscient de ce monde onirique. Il va s'agir pour vous de rééduquer votre confiance en vous, non pas en voulant entrer de force dans votre imagination, mais à l'inverse en vous laissant pénétrer par ses idées, ses couleurs, ses musiques, ses parfums, ses émotions. Comme un animal sauvage, vous devrez l'apprivoiser. Exercice après exercice, les images et les mots vont venir à vous. Accueillez-les du mieux possible, soyez indulgent avec vous-même, cette partie de vous est comme un enfant en pays étranger, vous ne comprenez peut-être pas ce que vos phrases signifient, mais vous acceptez de les écrire. Peu à peu vous ferez confiance à cette partie fougueuse de vous-même et vous la chevaucherez en harmonie avec votre projet d'écriture.

EXERCICE 09

LES IDOLES DE VOTRE ENFANCE

 10 min

Citez trois héros, vedettes, chanteurs ou champions que vous admiriez étant enfant ; essayez pour la semaine prochaine de retrouver une photo d'eux.

Collez ces images dans votre cahier et marquez une phrase d'encouragement qu'ils pourraient prononcer à votre égard, vous les relirez lorsque vous penserez manquer de dynamisme.

EXERCICE 10

LES VIES DE RÊVE

⧖ 5 min les yeux fermés + 10 min d'écriture

Laissez-vous glisser dans l'imaginaire comme si vous aviez d'autres vies à vivre...

Listez cinq métiers que vous aimeriez faire.

Choisissez une de ces professions et listez ce qu'elle implique comme compétences.

Exemple : trapéziste : savoir grimper en hauteur

Qu'est-ce qui fait que vous n'avez pas fait ce métier ?

COMMENT NAÎT UNE IDÉE ?

L'histoire germe d'abord dans la tête sous forme d'une idée faite d'images, de sons et de sensations. L'idée initiale se structure ensuite mentalement jusqu'à pouvoir être formalisée avec des mots de vive voix ou par écrit. Vous pouvez avoir une bonne intrigue, mais ne pas savoir la raconter, de même que vous pouvez être un conteur formidable qui n'a rien à dire.

La petite graine de votre idée a besoin de terreau (votre passé émotionnel), d'eau (le calme et le repos) et de soleil (la chaleur des encouragements de vos proches).

La réussite repose sur l'harmonie entre la création et la concrétisation. Tout au long de ce livre, je ne vais jamais dissocier les deux. L'écriture est la passerelle entre le réel et l'imaginaire, et ce d'autant plus que, grâce à la lecture, le livre est le billet qui permet aux lecteurs d'embarquer pour un voyage sans autre véhicule que son imaginaire et celui de l'écrivain.

L'idée doit être originale pour s'autoriser à rédiger une histoire intéressante.

Comment stimuler les idées ou tout au moins comment en avoir une qui soit la bonne ?

La créativité est spontanée, mais l'éducation, les règles sociales, les convenances, la politesse, les lois et la crainte du regard des autres l'ont handicapée chez bien des personnes en plaçant des barrières et des interdits.

Nous avons été créés pour créer. La sexualité et la reproduction en sont un exemple. L'exploitation de la créativité humaine par le travail en est un autre. L'identité individuelle a besoin de créer pour se sentir validée dans son essence profonde.

La créativité est à la portée de tous. Créer, c'est l'ordre naturel de la vie, la vie est énergie, chaque vie est imprégnée d'une force créatrice sous-jacente. Nos rêves créatifs proviennent d'une source intarissable, plus nous nous dirigeons vers eux, plus nous nous ouvrons à notre part divine. Comme un puits d'eau potable, ce don que l'on nous a fait doit être utilisé régulièrement pour donner le meilleur de lui-même. Plus nous acceptons de nous laisser porter par la créativité, plus nous nous sentons connectés à une force universelle entraînant peu à peu de nombreux changements en nous qui transforment puissamment notre regard sur la vie et celui des autres sur nous.

Si vous avez acheté ce livre, c'est que vous avez envie d'écrire. C'est déjà plus facile pour moi, je n'ai pas à vous convaincre que c'est une bonne chose, mais je vais tout de même vous dire que l'écriture va vous changer, vous allez être plus proche de votre nature profonde, vous allez oser dire des choses que vous n'auriez pas dites avant, vous allez partir vers des mondes que vous seul voyez, vous allez vous isoler pour écrire, prendre du temps à votre vie de famille pour vous adonner à votre nouvelle passion.

Avertissements

Je vais vous aider à rédiger une histoire, mais ne vous imaginez pas que votre manuscrit sera aussitôt choisi par une maison d'édition pour être publié. On peut s'imprégner de centaines de conseils d'écriture sans toutefois aboutir à la rédaction d'un best-seller, et je ne connais pas d'auteur qui se vante d'avoir écrit un roman à l'issue de la lecture d'un livre sur l'écriture, tout simplement parce que toute création repose sur deux choses : la forme et le fond. À force de lire, vous allez acquérir les bases de structure, mais il n'existe pas de livre pour vous donner les idées de votre histoire, comme un cuisinier peut connaître les meilleures recettes sans pour autant réussir ses plats ; si les ingrédients qu'il utilise sont avariés, de mauvaise qualité ou tout simplement inexistants, le résultat sera désastreux.

Toutefois, je pourrais vous citer de nombreux auteurs connus qui ont attendu des années avant d'être édités. Et si vous avez ce bonheur, ne rêvez pas trop sur les revenus que vous apportera votre livre, les écrivains sont en moyenne très mal rémunérés.

Mais ne refermez pas cet ouvrage, la méthode proposée s'appuie sur des entraînements et des exercices pour stimuler la mise en route de votre imaginaire et vous encourager à l'écriture plus que sur une énumération de conseils. C'est un passeport pour changer d'identité, pour vous aider à acquérir confiance en votre potentiel créatif, pour vous faire devenir ce dont vous avez toujours rêvé : écrivain.

Écrire, c'est transcrire des émotions

Les émotions sont des manifestations de sentiments face à des sensations réelles et concrètes ou imaginaires. Vos descriptions* devront donc être riches en détails qui éveilleront les cinq sens du lecteur.

Apprenez à exprimer vos sensations pour devenir de plus en plus conscients, et savoir être sensible à la vie ; plus vous saurez observer le monde dans lequel vous vivez, plus vous serez à même de le raconter.

EXERCICE 11

ÉVEIL DES SENS : LA VUE

 30 min

Je raconte une expérience sensorielle.

Listez du vocabulaire ayant trait à la vue ; si c'est difficile, aidez-vous d'un dictionnaire.

Rédigez ensuite 15 à 20 lignes en utilisant votre vocabulaire.

Résumé : cherchez l'émotion

L'écriture est émotions plurielles, son apprentissage passe par l'acceptation de soi. J'apprends à capter mes sens, pour cela j'apprends à sentir la vie, à écouter ses bruits jusque derrière un brin d'herbe, à deviner les sous-vêtements sous un pull, à être attentif aux frissons... Les mots des autres me font monter le rouge aux joues, me donnent la chair de poule...

Conseil du deuxième jour

« Reposez-vous bien, dormez à poings fermés, nous partirons à l'aube, sans bruit, sans réveiller les autres qui dormiront encore. Êtes-vous prêts ? Avez-vous envie de voyager avec moi au pays de l'écriture ? Il y aura des surprises, des mauvaises rencontres, des paysages fabuleux, des monstres, des princesses, des fées, des lutins, des douleurs, des pleurs et des rires. Il y aura surtout du plaisir et la satisfaction page après page de voir grandir votre enfant. Alors à demain ! »

LA DOUCHE D'ÉCRITURE

B onjour,

Pendant deux jours, vous vous êtes préparé pour le voyage, vous avez fait votre bagage, vous avez dit adieu à vos anciens fantômes qui hantaient le château de votre créativité et vous avez regardé la carte de vos désirs.

Aujourd'hui est un grand jour, celui du départ.

Michel-Ange soutenait que la sculpture est cachée à l'intérieur du bloc de marbre et que son œuvre consistait à ôter ce qui cachait la révélation. Vous allez amorcer la pompe des mots, les exprimer, les faire sortir jusqu'à produire vous aussi une œuvre.

ÉCRIRE PAR PLAISIR

Qui n'a pas entendu un auteur se plaindre d'être resté des heures devant une page blanche ? Cela ne vous arrivera pas parce que nous allons mettre en place un mécanisme d'écriture dynamique.

Il y a en chacun de nous deux aspects : celui qui veut écrire et celui qui ne le veut pas. Cette hésitation repose sur l'antagonisme entre le cerveau droit et le cerveau gauche, l'imagination qui frappe à la porte et la critique qui censure. L'une donne envie, mais l'autre freine des quatre fers.

C'est pourquoi le moment idéal pour s'entraîner à écrire se situe juste au réveil, avant même tout échange avec qui que ce soit, quand la raison n'a pas encore pris le pas sur vos actes et que vous êtes encore tout proche du monde des rêves.

Pour être prêt à écrire dès le réveil, décidez la veille de le faire, choisissez si vous serez encore au lit ou juste assis à votre bureau préféré, préparez ce moment pour rester dans cet état particulier privilégié de la raison engourdie ; si vous deviez chercher du papier ou un stylo, le cerveau rationnel se réveillerait et risquerait de vous bloquer.

La solution repose sur un **entraînement quotidien et la pratique régulière de l'écriture juste pour le plaisir**. Le plus dur, c'est de commencer. Considérez cette démarche comme un moment magique de rendez-vous avec votre ange gardien.

Comptez une demi-heure puis rangez votre texte sans le lire et, le lendemain, poursuivez sans enchaîner vos idées sur ce que vous avez écrit la veille.

L'idéal, c'est de tenir un journal vraiment personnel, c'est-à-dire lu uniquement par vous, ce qui vous libère de toute crainte d'imperfections ; personne ne vous jugera, tout y est permis. Vous rédigez une sorte de « quotidien » composé d'articles enrichis par le monde du sommeil.

Cet exercice d'écriture va mettre en place un mécanisme de confiance en vous, et vous familiariser avec la pratique du jeu avec les mots.

Votre entraînement doit obéir à une mise en scène rituelle qui deviendra une habitude. Vos créations matinales seront regroupées dans votre « cahier de réveil » que j'ai baptisé ainsi pour deux raisons : d'une part, parce que le matin sera votre rendez-vous quotidien d'écriture et, d'autre part, parce que cette méthode va amorcer le réveil de votre talent. Vous allez installer un rituel d'écriture au moment du réveil, dans votre lit si vous le souhaitez, car c'est souvent avant de poser pied à terre que les idées sont les plus proches du monde imaginaire et de celui de vos rêves.

Aux premières heures du jour, juste après le sommeil, l'esprit est dynamique et performant à condition d'avoir eu un réveil spontané. Un radio-réveil qui hurle au moment où vous êtes encore en plein rêve ou en phase de profond endormissement induit en vous des tensions qui contrecarrent l'expression créatrice. L'idéal est de se réveiller spontanément… mais encore faut-il se coucher tôt le soir. Vous pouvez aussi utiliser un réveil simulateur d'aube qui produit une lumière progressive 30 minutes avant l'heure de réveil.

Commencez votre cahier, écrivez exactement ce que vous pensez, sans censure, sans entrave, jusqu'à ce que le cerveau artiste prenne le relais. Puisez dans votre source intérieure et laissez couler la source.

Laissez glisser la plume sur vos **trois pages d'écriture journalière**, au saut du lit, lâchez-y vos pensées intimes ; à votre réveil, ne prononcez pas un seul mot et autorisez-vous à écrire toutes les idées qui se présentent, c'est une façon de méditer et de s'harmoniser avec ses pensées secrètes. Écrivez sans réfléchir, sans chercher à tourner vos phrases, sans vous préoccuper de l'enchaînement de vos paragraphes. Si cela ne vient pas autant que vous le souhaitez, arrêtez-vous et dessinez.

Vous devrez écrire chaque jour vos pages du réveil avec un joker d'une journée au choix dans la semaine.

Pour vous aider, essayez de trouver pour chaque jour une chose étonnante, que vous avez vécue, que vous avez vue en vrai ou à la télévision, que vous avez lue dans la presse, que vous avez entendue à la terrasse d'un café ou à la radio, et racontez-la. Racontez ce qui vous a touché ou choqué, ce qui vous a surpris ou fait rire, exprimez votre avis. Vous avez forcément une opinion, même sur la nouvelle couleur des sacs à ordures que vient de distribuer votre municipalité, même sur la robe à fleurs que portait la postière derrière son guichet. Imaginez les raisons de toutes ces petites choses et écrivez.

Si toutefois rien ne vient, écrivez-le, écrivez que rien ne vient, que vous êtes assis sur une chaise comme ci comme ça, que vous êtes en train d'écrire parce que vous aimez cela et que vous êtes un bon écrivain, écrivez ce que vous voyez depuis votre place, cherchez un objet qui vous évoque un souvenir et allez-y !

L'écriture du réveil est l'équivalent de la pratique des gammes sur le piano.

Laissez venir ce qui vient sans jugement et signez à la fin des trois pages.

Quand votre élan sera amorcé, vous pourrez arrêter votre entraînement du réveil, mais gardez bien votre cahier sous la main, au moindre blocage, sortez-le du tiroir et recommencez votre exercice.

Jour après jour, les plus récalcitrants deviendront les plus assidus. Cet exercice ne doit pas être une corvée. Autorisez-vous à un joker par semaine, une journée sans écriture, et lisez ces quelques conseils.

Pour écrire, vous pouvez bien sûr utiliser un ordinateur portable, mais il est important de concrétiser sur un support que vous verrez progresser chaque jour. Aussi, imprimez ce que vous écrivez et rangez les feuilles dans un classeur dont vous numéroterez les pages.

La qualité première d'un écrivain est d'écrire, plus vous écrirez, plus vous vous approcherez de votre vraie voie.

EXERCICE 12

CINQ CONSEILS POUR LIBÉRER L'ÉCRITURE

1- Officialisez votre désir

Annoncez clairement à votre entourage votre projet de façon à éviter leurs questions et leur frustration de vous voir leur échapper au profit de votre création.

Au début, faites sonner votre réveil 30 min plus tôt et ne relisez pas vos pages, que vous ne permettrez à personne de lire. Ne vous trouvez aucune excuse, asseyez-vous et écrivez. Lorsque le rythme sera installé, vous vous réveillerez naturellement et votre créativité en sera décuplée, comme directement connectée avec votre monde des rêves sans la tiraillante douleur séparative d'être arraché au sommeil par le bruit atroce d'un réveil.

2- Inspirez

Aérez-vous, oxygénez-vous, fuyez dans la campagne, prenez un bain de soleil, regardez la vie des autres depuis une terrasse de café ou un banc de jardin public. Imprégnez-vous de scènes de la vie courante. Regardez les gens, imaginez ce à quoi ils pensent, ce qui les préoccupe, ce qui les enchante.

3- Faites des pauses

Bichonnez-vous, mangez sainement, faites la sieste. Faites-vous plaisir, mais sans céder à des addictions d'alcool, de cigarettes, de drogues, de téléphones pour ne rien dire, de ménage qui ne sert à rien.

4- Expirez

Observez attentivement vos pensées dans les moments « creux » pendant lesquels vous faites une activité de routine comme repasser, broder, passer l'aspirateur, conduire sur autoroute. Connectez-vous avec vos émotions, conscientisez-les.

5- Stockez vos idées

Utilisez votre carnet ou votre dictaphone pour mémoriser ce qui vous semble important. Ils seront une sorte de « frigo » où vous stockerez des idées. Plus tard, elles deviendront des ingrédients utiles à de merveilleuses histoires.

LES CARBURANTS DE L'ÉCRITURE

Toute révélation* s'accompagne d'une peur de l'erreur, y compris la créativité… une petite voix intérieure vous susurre : « Comment oses-tu te croire artiste ? »

Refusez tout doute sur votre création : ce que vous faites est bon. Même si les critiques les plus blessantes sont souvent proches de la vérité, refusez de les entendre si votre « critiqueur » n'a pas de solution pour améliorer ce qu'il vous reproche.

Le premier miracle de l'écriture est de renverser la vapeur : ce qui vous freinait va vous dynamiser. Vous utilisez l'énergie de vos adversaires à votre avantage, comme le font les sportifs dans les arts martiaux.

EXERCICE 13

LES CRITIQUES UTILES

 10 min

Listez des critiques que l'on vous a faites dans le passé, quand vous étiez enfant. Gardez-les sous la main, elles seront une ressource pour vous connecter à des émotions fortes.

EXERCICE 14

UNE VIEILLE HONTE

 15 min

Souvenez-vous d'une critique injuste que l'on vous a faite et de la honte que vous avez ressentie. Racontez-la en quinze lignes.

EXERCICE 15

LES COMPLIMENTS

 15 min

Conscient de ce que l'on vous reproche, listez maintenant les compliments que vous aimeriez entendre durant toute une journée. Allez-y franchement, sans pudeur, autorisez-vous à formuler ce que vous voudriez être.

LA DESCRIPTION

La description est l'un des moyens pour « d-écrire » ce que vous ressentez, pour extérioriser vos idées et les partager avec un lecteur. Plus elle est précise, plus il s'approchera avec vous de l'authenticité de ce que vous voulez lui expliquer.

Une des façons les plus efficaces de compléter une description consiste à se poser en permanence la question :

« Qui fait quoi et pourquoi ? »

Il est important de coller à la réalité, les lecteurs lisent par définition beaucoup de choses, ils vont vite détecter une erreur, l'auteur ne doit pas leur donner l'impression de se moquer d'eux, il y va de leur adhésion à l'intrigue qui peut se démolir si l'auteur ne respecte pas son lecteur.

Comment se documenter ?

Pour les métiers particuliers, pour les procédés professionnels, pour les techniques de pointe, renseignez-vous auprès de spécialistes pour ne pas raconter de bêtises, faites éventuellement un stage de quelques jours pour acquérir le vocabulaire spécifique à cette profession.

EXERCICE 16

LA TERRASSE DU CAFÉ

 30 min

Dans l'exemple suivant : « Une jeune femme était assise à la terrasse du café. »

Qu'est-ce qui vous fait dire qu'elle est jeune ? Argumentez. Que fait-elle ?

Imaginons qu'elle attende quelqu'un, quel détail le fera comprendre ?

Comment se sent-elle ? Fait-il beau temps ?

Et n'oubliez pas qu'il est toujours plus efficace de faire comprendre les choses que de les dire.

Cela pourrait donner :

« Une jeune femme d'environ 25 ans buvait un thé à la terrasse ensoleillée du café du Commerce en consultant régulièrement sa montre. »

À ce stade, on veut en savoir plus : qui attend-elle ?

Est-elle brune, blonde, quels sont ses vêtements ?

Faites-vous le metteur en scène de ce moment.

Faites en sorte qu'un homme ou une femme l'observe ; que verrait cette autre personne ?

Si vous voulez faire comprendre qui elle attend, utilisez ce qu'elle doit ressentir :

– pour un amoureux, elle se recoiffera ou se remaquillera en se regardant dans un miroir de sac ;

– pour un rendez-vous d'affaires, elle relira un dossier ;

– pour une copine, elle la relancera à coups de SMS sur son portable.

C'est à vous, prenez une grande inspiration, fermez les yeux et racontez...

EXERCICE 17

IMAGINER LES CAUSES

⏳ 30 min

Cherchez sur Internet ou dans des magazines une dizaine de photographies de personnages différents dans un moment représentatif, selon vous, de leur état d'esprit ; ils seront peut-être concentrés, attentifs, joyeux ou tristes. Regardez attentivement ces images puis racontez ce qui vient de leur arriver ; inventez la raison de leur physionomie, exagérez,... tout est permis.

Vous apprendrez ainsi à condenser la vie avec des mots.

LA BANQUE D'IMAGINATION

L'imagination se nourrit de vos sensations et de vos ressentis. Selon votre attitude face à la vie, vous aurez plus ou moins de stimuli qui feront la richesse de vos émotions.

L'émotion est un moteur de l'écriture, mais vos états d'âme ne peuvent se suffire à eux-mêmes pour créer l'intérêt du lecteur, l'histoire doit les porter en les expliquant ; une cause provoque une émotion. **Plus ce duo cause/émotion sera de l'ordre de l'inavouable ou de l'incroyable, plus vous serez dans le juste.** Il arrive cependant que certaines pages vous semblent inadaptées au plan d'écriture que vous suivez et que vous vous disiez que cela n'est pas grave et qu'elles serviront bien à un autre moment ou dans un autre livre. Non, refusez cette alternative, si vous n'aimez pas ce texte, refaites-le.

Écrivez, écrivez, écrivez, dès que vous avez un moment, n'acceptez pas de perdre du temps, sortez une feuille et écrivez, en tout lieu, à tout moment. C'est en forgeant que l'on devient forgeron.

L'énergie créatrice ne dépend pas de votre volonté, ce n'est pas parce que vous voulez écrire que vous allez écrire. En revanche, si vous décidez d'écrire et que vous acceptez de vous connecter avec votre subconscient par la rêverie ou la méditation, les idées vont peu à peu pointer leur nez dans votre conscience et vous n'aurez plus qu'à les raconter.

L'imagination est un muscle qu'il faut entretenir.

Inventez des histoires aussi souvent que possible. Testez-les en les racontant à des enfants. Ils sont un public étonnant qui pose des questions s'il manque un détail pour bien comprendre.

EXERCICE 18

UN PREMIER JOUR

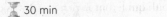 30 min

Supposons que vous racontiez le souvenir de votre premier jour d'école, allez-y en quelques lignes, écrivez une ou deux phrases que vous garderez de côté pour un prochain exercice. Si le souvenir vous paraît trop lointain, amorcez la pompe à l'aide de l'imagination, vous avez déjà vu des petits bouts de chou qui se rendent à leur premier jour de classe.

Il y aura une forte différence entre la phrase toute simple : « j'étais terrorisé », et quinze pages de description du lieu, des vêtements, des préparatifs, de la montée de l'angoisse rendue par des dialogues avec les copains et copines les jours précédents, par les conseils des grands-parents qui ne rassurent pas du tout, par la découverte de la classe, ses odeurs, ses couleurs, ses bruits, le parfum de la maîtresse, toutes ces choses qui donnent du relief à votre récit. Si ce souvenir ne vous revient pas, racontez le premier jour de collège, de fac ou de travail.

Pour vous entraîner à relater vos histoires, comme pour la préparation d'un bon repas, il faut de bons ingrédients. La lecture peut être une source d'imagination, mais elle restera toujours comme la production d'un autre écrivain et peut avoir l'effet contraire et freiner votre propre production d'écriture ; vous risquez en effet de baisser les bras en pensant ne jamais pouvoir faire aussi bien.

Aussi je vous conseille de moins lire durant votre période d'entraînement, sauf les journaux pour y glaner des faits-divers originaux et Internet pour les recherches de renseignements.

EXERCICE 19

LE CATALOGUE D'IMAGES

⏳ 5 min par image

Dans les magazines ou la presse, commencez à découper des photos, des images qui vous donnent de l'émotion pour vous en servir de réservoir.

Collez-les sur des feuilles que vous glisserez dans un trieur ou un classeur selon deux rubriques :
• les personnages ;
• les lieux.

Laissez émerger une émotion positive et une négative par image, et écrivez-les sous l'image, au stylo bleu la positive, en rouge la négative. Si cela ne vient pas, passez à une autre image, mais à chaque fois que vous ouvrirez le cahier, feuilletez-le pour revenir aux cases manquantes que vous finirez par compléter ! Laissez-vous porter par la fantaisie, tout est permis.

EXERCICE 20

LE CATALOGUE DE FAITS-DIVERS

De la même manière, découpez tous les faits-divers drôles, inattendus, percutants ou séduisants. Surlignez un mot qui vous semble le plus significatif de ce texte et stockez l'ensemble selon l'ordre alphabétique de ces mots. Les faits-divers sont une vraie mine d'informations cocasses et souvent étonnantes, beaucoup d'écrivains démarrent une grande histoire inspirée par deux lignes lues dans la rubrique des « chiens écrasés ».

EXERCICE 21

ÉVEIL DES SENS : L'OUÏE

 30 min

Je raconte une expérience sensorielle.

Listez du vocabulaire ayant trait à l'ouïe.

Rédigez 15 à 20 lignes en racontant une expérience relative à l'audition en utilisant votre vocabulaire.

Résumé : un entraînement quotidien

Je ne perds pas la main à l'écriture,
j'écris chaque jour.

Conseil du troisième jour

« Acceptez de vous accorder 1 heure par jour, comme un cadeau au bonheur, un moment précieux dont personne n'aura le droit de vous priver. »

LE THÈME ET LE SUJET

Bonjour,

Votre désir d'écriture commence à se concrétiser, vous êtes capable de raconter des choses et vous savez comment stimuler votre imagination, gardez bien le rythme, ces moments d'écriture sont précieux.

Tous les artistes connaissent la fuite, on a toujours quelque chose à faire avant de se mettre à l'ouvrage : du rangement, des factures à payer, une faim à rassasier, le fauteuil à tourner comme ci ou comme ça… bref, de petites choses qui repoussent la grande parce qu'on a peur de ne pas y arriver.

La régularité de votre entraînement et la place que vous lui donnez dans votre quotidien font que la « mayonnaise va prendre » ou non.

Commençons par un exercice d'écriture avec des contraintes au niveau des mots et de la forme.

EXERCICE 22

LES MOTS « VOYAGEURS »

 30 min

Une liste de mots « voyageurs » vous est proposée avec lesquels vous devez rédiger un texte de 60 mots au maximum.

Exemple de mots voyageurs :
- Couleur : rouge
- Animal : chat
- Nombre : cinq
- Météo : pluvieux
- Défaut : mépris
- Qualité : jovialité
- Objet de cuisine : autocuiseur
- Vêtement : gabardine
- Légume : poireau
- Personnage de théâtre : Arlequin

Voici ma proposition de texte :

Arlequin mit les cinq poireaux à cuire dans l'autocuiseur rouge. Le chat, couché sur la gabardine, regardait tantôt l'extérieur pluvieux avec mépris tantôt son maître avec jovialité.

À vous d'essayer avec les mêmes mots :............................

Encore à vous avec d'autres mots :

Noir ; labrador ; cinq cents ; neige ; mensonge ; mansuétude ; épluche-patates ; slip ; courgette ; Jean Valjean

ou bien : *blanc ; dinosaure ; vingt-sept ; canicule ; avarice ; générosité ; cric ; soutien-gorge ; chou ; Colombine*

Vous êtes sûrement très fier d'avoir réussi à faire une courte phrase, alors lisez-la à un ami. Que constatez-vous ?

La phrase n'a probablement pas beaucoup de sens. Il lui manque une structure d'écriture, le petit « plus » qui donne de l'intérêt.

Pour prétendre être lu, il vous faut donc pouvoir prétendre être intéressant.

Entrons dans le vif du sujet ! De quoi voulez-vous parler en tant qu'auteur ? Quelles thématiques vous tiennent à cœur ? Avez-vous eu connaissance d'une problématique qui vous touche ou qui perturbe quelqu'un de proche ? Pour un début, c'est toujours plus facile de parler de ce que l'on connaît.

Qu'est-ce qu'un roman* ?

Définition du *Petit Larousse* : « Œuvre littéraire, récit en prose généralement assez long, dont l'intérêt est dans la narration d'aventures, l'étude de mœurs ou de caractères, l'analyse de sentiments ou de passion, la représentation, objective ou subjective, du réel. »

Cette définition confirme qu'il faut délimiter un périmètre dans lequel se passe l'histoire. Mais ce dont traite votre roman doit éviter de tomber dans la complainte personnelle. Parlez de circonstances plus que de personnes. Plus vous aurez de choses à dire sur un domaine particulier, plus vous intéresserez le lectorat en lui permettant de découvrir un milieu ou un monde qu'il ne connaît pas.

Un roman est constitué d'actions qui s'organisent en une **intrigue** répondant à une **structure type en six étapes**, commune à tous les récits.

- Un bref **état initial** stable qui installe le lieu, l'époque, le personnage principal.
- Un **événement déclencheur*** **qui perturbe** et remet en cause l'état initial.

- Une **suite de péripéties*** et de rebondissements* qui modifient la situation* des personnages en intensifiant les conflits*.
- **Une crise* avec révélation**, point culminant où le personnage comprend qu'il doit changer.
- Un **événement rééquilibrant** qui amorce le dénouement* de l'intrigue.
- **Une résolution*, état final** stable du personnage principal heureux ou malheureux.

Cette structure n'est généralement pas chronologique, l'histoire commence très souvent tout près de la situation finale et développe ensuite le passé par des retours en arrière. L'histoire peut être chronologique ou non, mais la chronologie* s'applique surtout aux journaux tenus chaque jour durant un moment de la vie du héros (par exemple, durant un voyage) et aussi aux histoires qui débutent par une rencontre ou une visite inattendue. Dans ces deux cas, la vie banale cesse, soit que la vie soit si forte qu'il faille l'écrire, soit que la routine soit cassée par une intrusion.

De quoi parler ?
Choisissez un grand espoir ou une crainte profonde. Ne tournez pas en rond ; dès le début, le lecteur doit comprendre les « valeurs » qui seront abordées. Pour vous aider à parler de ce qui vous tient vraiment à cœur, posez-vous ces questions :

Quel est le livre ou le film que j'aime le plus ? De quoi parle-t-il ? Ai-je lu plusieurs livres sur ce sujet ?

Les thèmes* sont les mêmes que dans la vraie vie – la naissance, la maladie, l'amour, le mariage, le sexe, le travail, la mort, la race, la survie, la famille, la religion… –, mais traités selon votre point de vue moral, avec votre jugement personnel.

Il faut croire à ce que vous écrivez, sinon comment le lecteur y croira-t-il ?

Exemples de sujets : le sacrifice, le conflit, le divorce, l'argent...

Attention, cités isolément, thème et sujet peuvent se confondre. L'important est de les nommer ensemble : Dans le thème « .... », je vais parler du sujet (cas) particulier...

Le sujet résume l'intrigue, alors que le thème traite de l'universalité du sujet. Le thème répond à la question : « De quoi parle l'histoire ? »

Le thème porte l'opinion morale de l'auteur

Risquez-vous sur un terrain qui vous passionne en évitant l'autobiographie où vous ne seriez peut-être pas très honnête. Comme vous l'avez compris, la honte censure souvent l'écriture, alors pour un début, il convient d'éviter les obstacles.

Les idées reçues pourrissent la vie et encombrent les circuits mentaux au risque de bloquer la créativité. Choisissez des pistes nouvelles, d'avant-garde et étonnantes. **Avant de vous lancer, prenez le temps de réfléchir calmement à ce sur quoi vous allez écrire.**

Comment s'y prendre ?

Évitez votre vie personnelle et regardez autour de vous ; donnez-vous une journée entière pour aller à la cueillette des idées. Lisez tout ce qui vous tombe sous la main : journal, prospectus, livre, magazine, affiches publicitaires. Soyez attentif aux messages que vous envoie la vie.

Il y a des gens qui racontent tout le temps des histoires, mais ne soyez pas jaloux, car eux aussi rencontrent un obstacle, ils ne savent pas choisir ce qu'il faut raconter sérieusement et se noient dans des commérages.

Si vous hésitez, exploitez la piste de vos émotions et demandez-vous :

Qu'est-ce qui me fait peur ? Qu'est-ce qui me met en colère ou me blesse ?

Autre source : les journaux et leurs faits-divers, souvent amenés crûment, sont une mine pour l'écrivain qui n'a pas d'histoire. Il vous suffit d'en choisir une qui vous touche et de laisser votre imagination faire le reste. Inventez des histoires dans l'histoire, imaginez les acteurs de cette aventure ou de ce drame.

La revanche et la vengeance sont une source d'écriture, comme un ressort remonté qui attend son heure, mais prenez garde à changer les personnages, les lieux et les circonstances si vous voulez vous éviter des ennuis avec la justice. Dans ce cas précis d'inspiration, l'idéal est la comédie où vous pourrez ridiculiser vos ennemis, mais vous êtes libre de préférer le drame.

Observez les scènes du quotidien qui passent inaperçues habituellement. Écoutez les conversations de bistrot, les échanges dans la queue du cinéma, les plaintes des enfants à leur retour de l'école. Pendant ce travail d'attention, essayez également de constater ce qui ce passe au niveau de vos émotions.

Qu'est-ce qui vous touche, qu'est-ce qui vous fait sourire, qu'est-ce qui vous attriste, qu'est-ce qui vous scandalise ?

Au bout de quelques heures vous aurez matière à trois ou quatre sujets ; si vous êtes encore indécis, listez du vocabulaire, posez sur le papier des idées dérivées des premières.

EXERCICE 23

TRAVAIL SUR IMAGES

⧗ 2 × 20 min

Voici le moment de votre premier exercice de création d'histoire.

• Choisissez une image dans votre classeur, racontez une histoire de 10 lignes à partir de cette image, puis trouvez-lui un titre.

- Choisissez deux images : l'une avec un personnage et l'autre avec un lieu. Imaginez une histoire sur une dizaine de lignes. Listez ce que vous avez introduit comme ajouts par rapport à ce que l'on peut voir sur les images.

Remarquez que votre personnage se trouve confronté à un souci ou un problème qui crée l'intérêt du lecteur ; c'est l'intrigue qui induit la question sous-jacente à l'histoire : comment va-t-il s'en sortir ?

Entraînez-vous régulièrement à imaginer des histoires sur vos images, n'arrêtez pas vos découpages durant tout votre entraînement. Si vous avez des enfants, vous pouvez jouer avec eux à créer et à inventer à partir de vos découpages.

EXERCICE 24

RÉSUMÉ D'UN FILM, MINI-HISTOIRE, PITCH

 60 min

Choisissez un film que vous avez vu récemment. Quelle est l'histoire ? Faites un résumé en deux phrases au maximum. Dans le milieu cinématographique, on emploie le mot « pitch », qui signifie « planter » l'histoire en quelques mots qui doivent résumer un film de la façon la plus attractive possible afin de donner envie de le voir.

Cherchez sur des magazines, sur les programmes télé ou sur Internet ces résumés, recopiez-en une vingtaine en essayant de comprendre comment aller à l'essentiel.

L'ossature se simplifie selon la formule :

Pitch = Personnage principal + problématique + action

Par action*, on entend non seulement la réaction du personnage face à son problème, mais aussi tous les actes qu'il enchaîne pour réaliser sa volonté d'aboutir à ce qu'il a décidé. Ce pitch doit amener son lecteur au cinéma en lui évoquant une perspective d'histoire dynamique. Il s'agit d'accrocher son attention, d'émoustiller son désir et son envie d'en savoir plus.

Reprenez votre résumé de film et rédigez un pitch.

EXERCICE 25

MOTS ET ÉMOTIONS

 40 min

L'imagination a besoin de nourriture.

Marchez 10 min chez vous avec un crayon et un papier et établissez une liste selon la consigne :

• un ustensile ou un outil ;
• un fruit ;
• un récipient ouvert ;
• un vêtement ;
• un récipient qui se ferme ;
• un liquide ;
• un bijou ;
• un jouet ;
• un meuble ;
• un objet inutile.

Puis asseyez-vous, et inscrivez en face de chaque objet une émotion ou une sensation parmi la liste suivante :

joie, tristesse, douleur, plaisir, colère, calme, honte, impudence, bonheur, malheur, sympathie, bienveillance, dégoût, compassion, mépris, amour, haine, indignation, envie, jalousie, émulation, crainte, enthousiasme, peur, audace, courage.

Enfin, rédigez une phrase ou un court paragraphe pour expliquer cette association ; si vous n'avez pas de souvenir pour étayer ce choix, inventez une raison.

EXERCICE 26

....

ÉVEIL DES SENS : L'ODORAT

⏳ 30 min

Je raconte une expérience sensorielle.

Listez du vocabulaire ayant trait à l'odorat. Remémorez-vous des odeurs. Rédigez 15 à 20 lignes sur ce souvenir en utilisant votre vocabulaire.

....

Résumé : nourrir son imaginaire

L'imagination est un muscle qu'il faut entretenir. J'invente des histoires aussi souvent que possible. J'écris sur ce qui me touche tout en pensant à intéresser mes lecteurs.

Conseil du quatrième jour

« Ce qui est derrière nous et devant nous n'est rien par rapport à ce qui est en nous. »

_____

LES OPINIONS

Bonjour,

Vous êtes assidu à votre travail d'écriture et les pages commencent à s'empiler tandis que votre désir se concrétise et que vous prenez de plus en plus plaisir à écrire.

Nous avons amorcé la pompe et maintenant vous allez devoir garder le rythme. Peu à peu, vous intégrez les concepts de construction tout en continuant à flirter avec votre imagination. Comme un homme le ferait avec une belle femme qui lui plaît, vous devez la fidéliser, la rassurer, la flatter. Ne manquez pas vos rendez-vous d'écriture matinaux ; votre carnet vous attend.

LE POINT DE VUE NARRATIF

En tant qu'auteur, vous devez positionner dès les premières pages ce que vous savez ; cela se traduit concrètement par l'usage du pronom personnel, à la première ou à la troisième personne. Le narrateur de l'histoire peut être le héros lui-même ou quelqu'un d'autre ; auquel cas, vous avez le choix entre un narrateur qui ne connaissait rien du passé du héros ou au contraire un narrateur qui le connaissait très bien et qui pourra faire des flash-backs*.

Si vous décidez d'endosser le rôle de votre personnage et que vous écrivez à la première personne, il faudra vous y tenir jusqu'au bout et limiter votre connaissance à celle de votre héros, narrateur de votre histoire. Il vous faut savoir qu'une grande proximité avec votre personnage risque de changer votre vie ; en effet, page après page, durant des mois, vous vous identifierez à lui et vous vivrez avec lui, vous plaçant chaque jour un peu plus près de lui, jusqu'à finalement penser complètement à sa place. Plus vous approcherez du climax*, plus vous lui ressemblerez. Il y a de forte chance que sa quête* devienne la vôtre et que vous changiez vous aussi au moment du dénouement. D'où l'intérêt d'avoir établi un plan rigoureux avant de commencer la rédaction.

    Si vous choisissez d'écrire à la troisième personne, vous êtes supposé tout connaître, vous pourrez même entrer dans les pensées de votre personnage, commenter les événements, les étudier, les analyser. Un narrateur qui comprend et analyse ce qu'il raconte intéresse beaucoup plus le lecteur qui apprend ainsi les mécanismes psychologiques du héros.

    La voix narrative de votre histoire va accompagner l'opinion de l'auteur, la défendre, la développer. Ce choix est crucial.

    En clair demandez-vous qui raconte l'histoire que vous écrivez.

Le point de vue objectif (vu de dehors)

Sans pensées, tout est raconté de l'extérieur sans entrer dans l'intimité avec les personnages ; tout se passe par dialogues ou gestuelle, le narrateur semble découvrir avec le lecteur.

Le personnage, sorte de témoin, en sait plus que le narrateur, qui en sait plus que le lecteur.

Le point de vue omniscient (vu de dedans et de dehors)

Le narrateur (l'auteur) sait, entend et voit tout et dans toutes les têtes.

Le narrateur (sorte de « dieu ») sait tout ; le lecteur en sait plus que les personnages.

Les personnages « point de vue » (vu de dedans)

Le personnage est le narrateur. Le lecteur ne sait que ce que sait le personnage.

Un seul personnage mène le récit d'un bout à l'autre :

- **soit la narration est à la première personne**, et le lecteur entre dans la peau du conteur, la vision de l'histoire est limitée et il est difficile de mettre dans chaque scène ce narrateur unique ;
- **soit la narration est à la troisième personne**, comme dans les pensées d'un autre personnage ;
- **soit la narration est faite par un personnage secondaire**, observateur, ce qui permet de mieux étoffer l'histoire puisque l'observateur « justifie » tout ce qu'il dit.

Il existe des histoires où plusieurs personnages mènent le livre, dans ce cas, chacun doit avoir sa propre voix, ses expressions, son caractère bien trempé, ils s'expriment :

- soit à la première personne via les dialogues ;
- soit tous à la troisième personne ; attention, la multiplication des narrateurs ralentit le récit.

Les limites de votre choix

En affichant clairement qui raconte, vous posez les limites de ce qui est connu par le narrateur. Imaginons que vous racontiez l'arrivée des Américains dans la campagne normande juste après le Débarquement. Un jeune garçon de ferme illettré ne racontera pas l'événement comme un directeur d'école haut membre de la Résistance. Ils ne sont pas censés connaître les mêmes choses et, de fait, si vous écrivez à la première personne, il faudra en tenir compte.

EXERCICE 27

NARRATIONS

 3 × 15 min

Vous vous remémorez un incident qui vous est arrivé enfant quand vous étiez à l'école et vous le racontez sous trois points de vue, en une page à chaque fois :

– le vôtre, à l'époque, tel que vous l'auriez raconté à une ou un ami ;
– celui de votre instituteur, tel qu'il aurait pu en parler à vos parents ;
– celui d'un conteur extérieur qui ne connaît ni l'un ni l'autre.

L'IDÉE DE BASE

Il est important d'aborder l'inspiration qui pourrait vous venir après la lecture d'un roman ou la vue d'un film. Une histoire trop proche serait un plagiat sanctionné par la loi. Votre histoire ne serait pas une œuvre originale mais une « fanfiction ».

L'idée d'une histoire se décompose en deux parties : l'une concrète, l'autre abstraite.

Les prémices* de votre histoire reposent sur une simple phrase contenant l'idée de base. Cette toute première formulation doit absolument être originale. Raconter l'histoire d'un petit garçon qui va à l'école à vélo n'apporte pas de suspense*, alors que celle d'un enfant qui vole chaque nuit une voiture pour faire une balade commence à nous intéresser beaucoup plus.

Entre ces deux propositions sont apparues deux choses : l'originalité, ainsi qu'une composante dynamique qu'on appelle « le risque ».

Les prémices d'une histoire doivent être précises et concrètes.

Le concept de votre histoire est plus abstrait, c'est la partie immergée de l'iceberg, la cause profonde du risque que va prendre votre personnage. Dans l'exemple ci-avant, il se peut que le père soit mort d'un accident d'auto et que, depuis, la mère refuse de toucher à la voiture et oblige toute la famille à se déplacer en transport en commun.

Reconnaître l'intérêt

Le lecteur ouvre un livre avec l'espoir d'être intéressé par la lecture d'une « bonne histoire ». L'intérêt se détecte facilement. Après avoir écrit une première phrase, a-t-on une question qui s'impose spontanément ? Si oui, vous êtes sur la bonne voie, si non, cherchez une autre idée. Si une idée est une simple phrase statique qui constate un fait, il n'y a pas d'intérêt, à moins que vous n'évoquiez un sujet qui éveille en soi la curiosité, comme c'est le cas pour la biographie d'une star.

Si, en revanche, votre phrase ouvre des horizons potentiellement différents, vous êtes tout près de créer du suspense. Cette envie d'en savoir plus ressentie par le lecteur repose sur le fait que votre phrase laisse supposer plusieurs suites possibles, plusieurs solutions, plusieurs choix, plusieurs éventualités. C'est en cela qu'elle est dynamique. L'esprit de votre lecteur part sur des pistes, puis vous reprenez les rênes en le guidant vers un autre chemin qui le fait rêver ou frissonner… et ainsi de suite. Ensuite, pour maintenir la pression, vérifiez bien la cohérence* de votre histoire à chaque étape, la moindre erreur briserait la foi de votre lecteur.

L'envie d'en savoir plus est l'indicateur du dynamisme de votre histoire.

L'éventualité

L'éventualité est la clé du suspense ; un bon auteur sème des graines destinées à germer dans l'esprit du lecteur qui devient « intrigué » et échafaude une piste ou un événement probable, indicateurs de votre réussite à créer l'intérêt. À l'opposé, un événement qui tombe comme par enchantement (deus ex machina*) et arrive comme un lapin sorti du chapeau coupe l'envie de lire.

L'OPINION DE L'AUTEUR

L'histoire semble menée par votre personnage principal, mais ne perdez jamais de vue qu'il s'agit de « votre » récit. Vous apportez une opinion, vous définissez une moralité. Par exemple :

- les médicaments vont nous empoisonner ;
- la religion est mensonge ;
- notre génération enterrera ses enfants ;
- la politique se sert de la publicité ;
- les scientifiques prendront le pouvoir de l'humanité ;
- les femmes se passeront bientôt des hommes...

L'opinion de l'auteur est délicate à transcrire, car elle doit être en parfaite adéquation avec l'écrivain, le lecteur et les personnages.

Ce principe, valable tout au long du récit, est le fil tendu de toute l'histoire sans lequel tout s'écroulerait. Parfois drôle ou inattendu, il s'énonce par une phrase courte et prend la forme d'une affirmation qui soutient la montée de l'intensité dramatique.

Autres exemples : les blondes sont intelligentes/ le mensonge permet de gagner beaucoup d'argent/ pour être heureux en couple, il faut faire le même métier que son partenaire/ les belles-mères rêvent toutes d'une aventure avec leur gendre/ porter du noir permet de réussir/ etc., y compris les affirmations les plus farfelues qui alimenteront les comédies.

Lorsque vous aurez décidé du thème et du sujet que vous souhaitez aborder, rédigez la « morale* ». C'est une phrase synthétique personnelle de l'auteur, son expression sur la vie, son point de vue qu'il glisse dans son film ou son livre et qui donne de l'intelligence au récit. C'est une sorte de « leçon de vie » qui est démontrée par les réactions des personnages face aux actions du héros. Ossature de votre récit, **la « morale » est le grand message que l'auteur fait passer dans son histoire,** seule partie rigide qui ne changera pas du début à la fin. Vous devez l'exprimer à toutes occasions, comme le refrain d'une chanson, jusqu'au bout, pour la prouver au lecteur.

C'est une morale permanente du début à la fin.

Énoncez clairement le point de vue que vous voulez défendre en une phrase très affirmative qui pourrait commencer par « j'ai toujours pensé que… » ou par « c'est scandaleux de… », ou encore « c'est génial de… ».

EXERCICE 28

SCANDALES

 20 min

Choisissez un moment ensoleillé et confortablement assis, fermez les yeux, laissez la chaleur s'infiltrer en vous, au plus profond de vous. Si le soleil est absent au rendez-vous, imaginez sa présence chaude et rassurante. Laissez remonter les choses qui vous scandalisent, celles que vous changeriez immédiatement si vous en aviez le pouvoir. Lorsque vous en avez cinq, ouvrez les yeux et listez-les.

EXERCICE 29

TROIS SOUHAITS

 20 min

De la même façon, après un profond soupir et un sourire, fermez à nouveau les paupières et concentrez-vous sur les trois souhaits que vous feriez si vous étiez tout-puissant, en évitant les demandes personnelles ou familiales. Scandales et souhaits constituent une source d'inspiration pour les opinions que vous pourrez exprimer au long de votre récit.

QU'EST-CE QU'UNE HISTOIRE ?

C'est d'abord une idée originale et vivante, sans laquelle il n'y aurait jamais d'histoire inédite !

C'est une communication structurée sur une forme dynamique, où un « narrateur » conte une histoire à un public (lecteur, auditeur ou spectateur) en cherchant à capter son intérêt. Il s'agit la plupart du temps d'un morceau de vie qui permet de réfléchir ou de se divertir.

Si l'on se demande ce qui fait avancer chaque être humain dans sa vie personnelle, les deux réponses seront : le besoin* et le désir, depuis le besoin rudimentaire jusqu'à l'aboutissement spirituel en passant par le matériel : mariage, argent, enfants, travail… Étant une tranche de vie, l'histoire utilisera donc le moteur de tous les désirs humains, du plus basique au plus fou.

Une histoire est un récit réel ou imaginaire qui se focalise sur un être qu'on appelle « le personnage principal ». Pour nous intéresser, l'histoire va nous faire sympathiser avec ce personnage, puis va le malmener.

Le héros d'une histoire

Le héros est celui de vos personnages dont l'histoire est la plus palpitante. Le personnage principal n'est pas forcément un être humain, on peut construire une histoire autour d'un animal, d'un arbre ou d'une maison, mais il faudra toujours un être vivant pour conduire le récit et, d'une façon ou d'une autre, vos héros montreront des émotions à dimension humaine.

EXERCICE 30

50 MOTS

⏳ Une journée

Aujourd'hui, vous allez lister 50 mots insolites, sans lien évident entre eux, à raison de 5 fois 10 mots, répartis au cours de la journée :

- 5 êtres vivants méchants (3 humains, 2 animaux) ;
- 5 êtres vivants gentils (3 humains, 2 animaux) ;
- 10 verbes d'action ;
- 10 adjectifs ;
- 10 lieux ;
- 10 objets.

EXERCICE 31

TRAVAIL DE DÉTECTIVE PERSONNEL

 30 min

Lorsqu'une personne créative commence à exprimer son talent, un obstacle se présente à elle : elle a peur d'exposer ses créations aux regards des autres, car d'une part elle craint la critique, d'autre part elle ne veut pas « narguer » les autres.

Installez-vous confortablement, remémorez-vous plusieurs choses aimées dans l'enfance : jouet préféré/jeu préféré/meilleur souvenir de film/de livre/instrument de musique préféré/animal préféré.

Fermez les yeux, rappelez à votre conscience des images de votre enfance, puis listez-les. Choisissez-en trois et écrivez une phrase sur chaque souvenir ; puis sélectionnez-en une et racontez sur deux pages une scène de votre enfance en exagérant volontairement vos émotions.

EXERCICE 32

....

ÉVEIL DES SENS : LE GOÛT

 30 min

Je raconte une expérience sensorielle.

Listez du vocabulaire ayant trait au goût.

Choisissez un rendez-vous avec vous sur le thème du goût.

Rédigez 15 à 20 lignes sur ce rendez-vous en utilisant votre vocabulaire.

....

Six conditions pour parler de récit

1. **Une succession d'événements** dans le temps : au minimum deux périodes.
2. **Une unité de thème,** le plus souvent assurée par le personnage principal.
3. Le **personnage** principal subit des **transformations**.
4. Une **unité de l'action**, sinon, on a plusieurs récits.
5. Pas de succession chronologique d'événements — comme dans la chronique ou le journal intime, qui ne sont pas des récits, au sens strict : au-delà de la succession temporelle, il existe une logique de l'histoire, **une « causalité narrative »**.
6. **Une morale,** exprimée ou sous-entendue.

Résumé : défendre ses idées

Mon histoire porte une idée que je dois défendre jusqu'à la conclusion.

Conseil du cinquième jour

« Pour écrire, il faut avoir des choses à raconter, elles sont partout autour de nous et en nous, il suffit d'être attentif. »

LE « TEMPS AVEC MOI »

L es écrivains ont beaucoup de mal à gérer leur temps. Listez les projets que vous avez pour aujourd'hui, demain, cette semaine, ce mois-ci et cette année. Une fois que vous avez créé la liste, sortez votre agenda et planifiez-les.

ÉCRITURE ATTITUDE

Pour tenir votre engagement à l'écriture, les premiers temps, autorisez-vous à :
- vous lever plus tôt ;
- vous coucher plus tard ;
- écrire en mangeant ; et surtout, prendre du temps pour écrire.

Évaluez le temps passé à écrire :
- sans compter le travail de recherches, même si la recherche est importante ;
- sans compter le temps passé à discuter sur votre histoire ; sans compter les moments de rêveries sur le sujet.

Solution : votre fauteuil ne sert qu'à écrire et rien d'autre !
Gérez votre temps d'écrivain :
- imposez-vous un délai pour la rédaction des chapitres ;
- partagez concrètement votre temps entre écriture et recherche d'informations.

Faites des pauses pour vous divertir.

Toujours pareil, et ce jusqu'à la fin de l'entraînement : prenez le cahier à l'envers et notez-y une chose par semaine que vous avez faite pour vous, programmée et sans entrave.

Rédigez 15 à 20 lignes sur ce rendez-vous avec un joli moment de votre semaine, puis lisez à voix haute le résumé de votre rendez-vous artistique où vous tenterez d'exprimer vos émotions. Nous appellerons TAM (temps avec moi) ce moment occupé à vous faire plaisir ; vous vous devez de penser à vous pour vous ressourcer afin d'alimenter vos réserves créatrices. Au début, cela vous demandera un peu de discipline pour accepter de vous donner la priorité sur les autres, puis peu à peu vous attendrez votre TAM comme une bouffée d'oxygène qui deviendra indispensable à votre équilibre.

ÉVALUATION DU TEMPS LIBRE

EXERCICE 33

OÙ PASSE MON TEMPS ?

 20 min

Listez vos principales activités récurrentes de la semaine. Évaluez le temps passé à vos occupations.

Temps passé à travailler = ...

Temps passé dans les transports = ...

Temps passé à dormir = ...

Temps passé à préparer ou prendre les repas = ...

Temps passé à la toilette et l'habillage = ...

Temps passé à aider les autres = ...

Temps passé avec des amis = ...

Temps passé à l'intendance, au ménage, aux courses, au téléphone = ...

Prendre conscience du total :

une semaine = 7 jours, c'est-à-dire 7j × 24 h = 168 heures ; déduire le temps utilisé pour dormir et pour les autres ; combien avez-vous passé de temps pour vous ?

EXERCICE 34

DIAGRAMME DE MES OCCUPATIONS HEBDOMADAIRES

Tracez un tableau de cinq colonnes verticales : l'une en bleu pour le temps passé à dormir, une en orange pour les activités professionnelles et les transports, une en rouge pour les activités faites pour les autres (sauf pour votre profession), une autre en jaune pour les occupations « d'intendance », enfin une en vert pour les activités personnelles faites pour vous uniquement. Choisissez une échelle d'une case correspondant à 4 heures de chaque occupation en essayant de garder les proportions calculées précédemment à l'exercice 33.

Que constatez-vous ? En aviez-vous conscience avant cet exercice ? Avez-vous envie de changer quelque chose dans cette répartition ?

....

EXERCICE 35

....

PÉRIMÈTRE DE SÉCURITÉ

 15 min

Dessinez un cercle en couleur.

Inscrivez à l'intérieur les points que vous voulez garder, ceux qui sont bons pour vous.

Placez à l'extérieur ceux dont vous devez vous protéger ou vous débarrasser.

D'une autre couleur, écrivez l'environnement bienfaiteur et malfaisant.

Le lendemain matin, relisez la page avant d'écrire les pages de réveil.

....

EXERCICE 36

....

ENQUÊTE SUR SOI

 10 min

Citez cinq aspects de votre personnalité que vous aimiez de vous quand vous étiez enfant.

 10 min

Listez cinq réalisations effectuées dans votre enfance dont vous soyez fier, y compris des farces.

10 min

Notez cinq plats ou gourmandises que vous aimiez quand vous étiez enfant.

Achetez-en un la semaine prochaine et faites-vous plaisir.

JE M'AUTORISE DU « TEMPS AVEC MOI »

EXERCICE 37

MON TAM

À partir d'aujourd'hui, sur votre agenda personnel, vous ferez apparaître ces trois lettres une fois par semaine au moins ; TAM cinéma, TAM exposition, TAM bricolage, TAM jardinage, TAM écoute d'un disque, TAM piscine, etc., uniquement pour des choses auxquelles vous consacrerez délibérément votre temps sans faire autre chose simultanément et bien évidemment, **uniquement pour vous et vous seul**.

EXERCICE 38

ÉVEIL DES SENS : LE TOUCHER

 30 min

Je raconte une expérience sensorielle.

Listez du vocabulaire ayant trait au toucher.

Rédigez 15 à 20 lignes sur une expérience de toucher en utilisant votre vocabulaire.

Résumé : mon « temps avec moi » d'abord

Je me donne rendez-vous avec moi-même sur mon agenda, je ne repousse jamais le moment d'écriture pour donner la priorité à autre chose.

Conseil de la première semaine

« L'envie d'abandonner est souvent plus commode que celle de persévérer ; résistez, jour après jour, l'ego deviendra plus fort. »

LE TEMPS DE L'ÉCRITURE

C ommencez par feuilleter vos pages d'écriture et d'exercices de la semaine passée. Adressez-vous des compliments intérieurement puis, sur une page blanche de votre cahier, marquez une appréciation d'encouragements, choisie dans la liste qui suit :
– je mérite l'amour ;
– je mérite la chance ;
– je mérite la reconnaissance ;
– je mérite le succès ;
– je mérite l'argent ;
– je mérite la gloire ;
– je mérite d'être heureux.

RASSUREZ-VOUS

Votre nouvelle entité est en train de naître, elle est encore fragile, personne n'est mieux placé que vous pour l'encourager à persévérer dans son effort quotidien.

Votre récente activité d'écriture vous procure une impression de puissance, qui vous donne des sensations que vous avez envie de partager avec votre entourage. Surtout pas ! Vous auriez une réaction d'incompréhension de la part de certaines personnes qui risqueraient de saboter votre enthousiasme. Ce travail est privé ; montreriez-vous votre linge sale ? Eh bien, vos pages remplissent ce rôle, quand elles seront mises au propre, vous pourrez les faire lire.

Il faut encourager votre créativité en vous faisant confiance.

Les anciens amis n'applaudissent pas toujours les changements et la réussite. Alors protégez ce nouvel artiste qui est en vous. Au moindre doute, à la première baisse d'enthousiasme, imaginez une bulle sacrée qui vous entoure et vous protège des mauvais amis. Choisissez des compagnons qui vous encouragent.

Nourrissez votre créativité, suivez votre guide intérieur.
Pour garder le cap vous devez vous protéger des embûches*, donc :
- éviter les inopportuns, ceux qui reprochent, abusent, créent des drames, envahissent l'espace… ;
- faire confiance à vos ressources, accepter ce qui se passe en vous, laisser votre esprit s'ouvrir à son rythme.

Si vous ressentez de la joie en créant, vous êtes sur la bonne voie.

La survie du nouvel écrivain que vous êtes repose sur sa confiance et sa capacité à garder un mental équilibré même (et surtout) si son écriture est folle.

La santé mentale repose sur l'attention que l'on prête à prendre du plaisir sain.

Le plaisir sain est celui qui procure une joie sans dépendance.

Quand le travail et le jeu se confondent, l'action devient présente et efficace. C'est l'indice que vous êtes sur la bonne piste.

LÂCHEZ VOS ÉMOTIONS

Comment créer et raconter une histoire ?

EXERCICE 39

50 MOTS POUR UNE HISTOIRE

 20 min

Reprenez vos 50 mots que vous avez collectés à l'exercice 30 et faites-en une histoire en moins de 300 mots.
Votre héros est un enfant.
Placez votre héros face à un élément déclencheur.

EXERCICE 40

UNE PREMIÈRE FOIS

30 min

Écrire, c'est exprimer ses émotions. Souvenez-vous d'une première fois : premier baiser, première piste de ski, premier boulot, premier accouchement ; les premières fois sont riches en émotions. Rédigez 10 lignes sur cet événement.

EXERCICE 41

UNE PRÉSENTATION D'EXCEPTION

⏳ 20 min

Parlez de vous avec fierté, faites un court texte de dix lignes qui vante vos mérites et vos qualités dans le domaine de l'exceptionnel, imaginez que vous prenez l'apéro avec un groupe de personnes inconnues et que la consigne soit de se mettre en valeur, allez-y, lâchez-vous. Si vous bloquez, équipez-vous d'un enregistreur de poche et parlez-lui à voix haute et intelligible, puis écoutez et recopiez.

L'HISTOIRE ET L'INTRIGUE

Une histoire, c'est un récit réel ou imaginaire avec un début, un milieu et une fin. Aristote parlait d'une structure en trois actes : une situation, des complications et une résolution. Ce n'est pas la première fois que vous lisez cette phrase, mais que veut-elle dire au juste ?

Si l'on répond par métaphore* : une histoire est le récit d'une guerre qui doit cesser à la fin de l'intrigue, que l'un ou l'autre camp gagne, ou aucun.

Une histoire doit toujours être une intrigue autour d'un personnage pour prétendre être éditée. Pour raconter, l'auteur va décrire le chemin emprunté par le personnage pour tenter de s'en sortir.

L'intrigue s'organise en plusieurs parties, appelées « actes » en littérature. Ces moments sont jalonnés et encadrés par trois points :

A - l'événement déclencheur de l'intrigue ;
B - le récit des péripéties ;
C - le dénouement de l'histoire, à quoi on ajoutera, la plupart du temps, une introduction et une conclusion.

Mais concrètement, qu'est-ce qu'une intrigue ?

L'intrigue est une succession d'actions qui suscitent et attisent la curiosité, une structure dynamique fonctionnelle dont le fil conducteur* organise les actions selon leur intensité croissante face au personnage en proie à une crise de plus en plus forte. Contrairement à l'histoire, qui se limite à une succession de faits, l'intrigue explique pourquoi et comment ; elle œuvre sous la surface de l'histoire pour créer un rythme de vie. C'est la trame de l'histoire, son tissu, son ossature, qui assemble les faits en les rendant humains. L'intrigue lie de façon rigoureuse les événements de l'histoire pour créer le suspense et l'émotion.

La qualité d'une intrigue se mesure à l'intensité du voyage qu'elle fait faire au lecteur sur tous les plans. Sa réussite repose sur la concrétisation de l'illusion, lorsque le lecteur sait très bien qu'on lui raconte une fiction, mais que ses sens deviennent tellement aiguisés par la lecture et ses émotions tellement mises en vibration qu'il vit réellement le suspense narratif. C'est comme si l'imagination de l'auteur résonnait dans l'émotionnel du lecteur en lui créant de vraies sensations. Ce passage du virtuel au réel est l'indicateur d'une bonne histoire au moment précis où la ressemblance devient si vivante que l'illusion devient réalité, quand le lecteur oublie que c'est inventé.

Au début, le personnage est en situation stable jusqu'à l'événement déclencheur que l'on peut appeler « nouement » (nœud) en faisant la symétrie avec « dénouement » ; ce gros pépin, ce problème, place le héros en situation instable où il ressent un désir de s'en sortir qui va le pousser à agir en vue d'un objectif.

Il part en quête. Le personnage se retrouve dans un renverse-ment de situation et doit agir jusqu'à une prochaine situation, et ainsi de suite ; situations et actions vont s'alterner dans une sorte d'escalier de complications, appelé aussi « crescendo dramatique* », durant lequel le personnage principal s'emmêle dans des nœuds* de problèmes jusqu'à un ultime moment de crise suivi d'une action qui fait retomber la pression pour finir par une situation stable. Cette dernière action est souvent accompagnée d'une révélation qui bouleverse la perception émotionnelle du personnage à tel point qu'il change.

La pression retombe. Les choses retrouvent alors un nouvel équilibre. La fin doit alors arriver très vite, car l'intérêt du lecteur décroît.

L'intrigue organise un ensemble de péripéties enchaî-nées sur un rythme dramatique. Le personnage principal vit une dynamique qui le bouscule, fait des efforts pour s'en sortir, pour fuir ou pour conquérir. Le créateur de l'histoire joue avec les personnages et leurs actes, choisit des moments et les rend intenses. La façon dont elle est racontée s'appuie sur le code dramatique qui apporte l'idée de base que **tout être humain a une chance de se transformer lui-même pour changer le cours du destin.** L'intrigue s'arrête quand le per-sonnage atteint le dénouement de son problème, au moment où sa quête prend fin parce qu'il en a « défait les nœuds », lorsqu'il a fait le choix qui change tout. Une bonne histoire reste celle du personnage et ne doit pas chercher à interférer dans la vie du lecteur en lui donnant des conseils ou en ten-tant de lui imposer une conduite. La solution à ce problème résolu n'est pas une solution universelle, mais l'aboutissement de l'évolution physique, psychique, émotionnelle, spirituelle d'un personnage grâce aux décisions qu'il a prises.

Plus l'histoire est dynamique, plus elle sera intéressante. Le per-sonnage principal veut ou désire quelque chose. Pour cela il fait des actions qui ont des conséquences. C'est ainsi qu'il tracte toute l'histoire du début à la fin. Il fait alors un choix et prend une

décision, qui le pousse à une action qui apporte d'autres conséquences, jusqu'au bout de son désir, au moment de l'apprentissage
d'une leçon de vie. Toute l'histoire s'organise autour de lui et tout
le « monde fictif » se construit autour de sa quête pour lui permettre d'avancer vers son évolution psychologique*.

Une intrigue regroupe une série d'événements arrangés en
fonction de leur intérêt dramatique, thématique ou émotionnel, voire psychologique.

**Intrigue = élément déclencheur + conflit + péripéties
+ crise + climax + résolution.**

Comment raconter une bonne intrigue ?

En persuadant votre lecteur, en jouant avec ses jugements, en
actionnant en lui ses raisonnements logiques, en excitant ses
émotions. Le thème choisi doit poser une problématique* précise et se focaliser sur une tranche de vie d'un personnage
fictif. L'histoire se construit sur le « raisonnement imagina-
tif » de l'auteur guidé par son point de vue qui éclaire l'histoire d'un bout à l'autre.

L'objectif du point A (l'élément déclencheur) est d'éveiller la
curiosité du lecteur : on construit les bases, on présente le personnage principal avec son problème, son contexte et son passé ;
le point B (le récit des péripéties) garde en haleine grâce à des
complications en crescendo ; le point C (le dénouement) résout
le problème et satisfait les attentes profondes du lecteur par une
démarche d'écriture logique qui lui apporte soit un enrichissement intellectuel par de nouvelles connaissances, soit l'impression d'être plus intelligent par la compréhension d'un système
découvert dans cette histoire lors d'une révélation fondamentale.

Tout ce qui est original et nouveau bénéficie d'un atout ;
dans les années 1980, l'histoire d'un Noir qui devient président des États-Unis sera plus intéressante que celle de la fille
de la reine d'Angleterre qui devient présentatrice à la télévision. Évitez et fuyez les remakes des séries télé, les éditeurs en
reçoivent à la pelle.

Une bonne histoire raconte une expérience fictive de la vie d'un personnage en dévoilant comment il a su évoluer pour sortir d'une impasse.

C'est le dynamisme qui fait avancer une histoire, soit par des événements qui vont faire réagir les personnages, soit par les attitudes des personnages qui prennent des décisions face à des conflits. Une bonne intrigue n'est pas un simple enchaînement d'obstacles et d'actions ; il importe de montrer dans les réactions des personnages des attitudes morales qui démontrent le point de vue de l'auteur. Dans une bonne dramatisation*, chaque action de votre protagoniste* reçoit une réaction des autres personnages qui valide votre point de vue à la manière d'une conséquence morale.

LE DÉNOUEMENT

La fin de l'histoire peut intervenir lorsque la problématique de départ a disparu, c'est-à-dire quand les événements d'origine ont disparu, ou quand les acteurs ont évolué et se sont adaptés à la situation. **Au début, on a une opposition qui n'existe plus à la fin.**

Pour arriver à ce changement d'état, de nombreuses actions se succèdent (*drama* en grec) en un savant mélange d'obstacles, d'oppositions d'intérêts, de conflits, de hasards chanceux ou malchanceux. Truffez votre texte de détails qui se révéleront avoir une importance. Toutes les actions de votre personnage principal doivent appuyer ou démontrer le thème traité.

Faut-il connaître la fin dès le début ? Si un plan bien préparé et bien « huilé » amène sans faute à un climax fort, le dénouement par lui-même, c'est-à-dire les circonstances de la fin, peut tout à fait être gardé pour l'ultime improvisation de l'écrivain. Fixer la fin dès le début apporte souvent une dynamique un peu « mécanique ».

Faites-vous ce plaisir de vous réserver le choix des circonstances de la décision finale, gardez-vous un peu de suspense pour vous aussi.

Les ingrédients indispensables

Comme pour composer une phrase, votre histoire doit posséder un sujet, un complément d'objet, des circonstances et un verbe.

Qui : des personnages aussi vrais que possible.

Quoi : des prémices, une situation spéciale qui permet l'existence du récit.

Où : un lieu.

Quand : une époque.

Comment : les actions, les événements.

L'intelligence de l'intrigue repose sur le pourquoi.

L'intérêt de l'histoire

Les conteurs sont directement confrontés aux réactions de leur auditoire. Ils savent qu'ils doivent intéresser et cherchent à capter l'attention en impliquant leur public, qui veut entrer dans la vie d'un personnage, croire à ses déboires et comprendre ce qui lui arrive. **Cette expérience de fiction permet au lecteur de se rassurer sur sa condition réelle**, il croit qu'il y a plus malchanceux que lui ou il croit que la chance est à la portée de tous selon le genre d'histoire.

Les événements les plus vraisemblables sont souvent les plus simples : il sera par exemple beaucoup plus crédible d'imaginer qu'un enfant de 6 ans a disparu durant une noce parce qu'il s'est endormi sous la table après avoir bu du champagne que parce qu'il a été kidnappé durant la cérémonie par des voleurs d'organes… Cependant, l'enfant peut raconter cette version pour cacher sa bêtise.

En bref, le public a envie de croire que c'est possible de comprendre la leçon psychologique ou morale, et de se sentir plus intelligent à la fin de l'histoire qu'au début, donc d'avoir appris des choses.

Souvenez-vous des spectacles de marionnettes où Guignol va se faire prendre par le gendarme que tous les enfants ont vu se cacher derrière le rideau.

Vous pouvez également placer votre lecteur en position de complice, en le mettant au courant de quelque chose que dissimule le héros aux autres personnages.

EXERCICE 42

L'INTÉRÊT

⌛ Exercice sur la journée

Dans vos diverses lectures, listez une dizaine de points qui font que vous avez envie de lire ou de continuer à lire un livre.

Liste des points indispensables :

Le suspense, le rythme, la couleur des personnages, la véracité, la crédibilité.

Posez-vous deux questions :

Quel est le livre que j'aime le plus ?

Quel est le best-seller que j'ai lu ces trois dernières années, et qui m'a passionné ?

Évidemment, ce n'est pas le même ouvrage, parce que ce qui plaît à tous n'est pas ce qui plaît à chacun.

EXERCICE 43

RÉÉCRIRE LE RÉSUMÉ D'UN BEST-SELLER

⌛ 30 min

Toujours à l'aide d'un livre que vous aimez, répondez aux questions suivantes :

1 – qui : liste des personnages ;
2 – quoi : l'élément déclencheur ;
3 – où : les lieux où se passe l'histoire ;
4 – quand : l'époque de l'histoire ;
5 – comment : le genre d'histoire ;
6 – pourquoi : la quête du personnage.

Ensuite, changez ces six points à votre guise et réécrivez un résumé d'histoire sur une page.

Qu'est-ce qu'une bonne histoire ?

C'est une histoire qui intéresse son lecteur jusqu'au bout. L'intérêt repose sur trois points principaux :

- le sujet traité ;
- l'articulation de l'intrigue ;
- l'efficacité de la narration à rendre vivante la fiction.

LE DÉBUT DE L'HISTOIRE

L'écriture d'une histoire commence rarement par la première page. Un livre et un scénario sont le résultat d'un travail de plusieurs mois ou plusieurs années. Lorsque vous saurez de quoi vous voulez parler, vous choisirez un personnage pour conduire votre histoire puis vous déciderez d'une fin avant même de vous lancer dans la narration. Ainsi vous connaîtrez précisément votre objectif et les étapes de l'intrigue pourront suivre un enchaînement logique.

Le début est important, c'est ce qui fait l'accroche. Le début, c'est un peu l'échantillon, le goût de votre histoire. En moins d'un quart d'heure, c'est-à-dire en moins de cinq pages, votre lecteur va décider s'il a envie de continuer. Vous devez lui donner envie de poursuivre l'aventure jusqu'à la fin du livre. Sautez à pieds joints sur le sujet de votre histoire de façon à présenter rapidement le lieu, l'époque, le personnage principal et sa quête.

Si vous avez des hypothèses qui doivent étayer votre histoire, vous devez les annoncer dès la première page, sinon elles seront interprétées comme des opportunités que vous inventez par la suite pour arranger une sauce mal épicée. Ainsi, prenez exemple sur les contes : il était une fois un pays où…, après cette introduction, tout devient cohérent, ou bien précisez d'entrée de jeu que l'histoire peut paraître incroyable.

Le conseil est simple : faites plonger votre lecteur le plus vite possible dans l'histoire. Si cela vous semble difficile, écrivez l'histoire et revenez rédiger le début plus tard, en jetant à l'eau votre personnage pour que l'histoire commence dès la première page ; votre lecteur a acheté un livre pour son histoire, pourquoi lui feriez-vous attendre plusieurs pages pour commencer son voyage ? N'oubliez pas qu'il peut aussi refermer le livre à tout jamais si le début ne l'accroche pas suffisamment.

Si vraiment vous sentez devoir attendre plus avant dans l'histoire, arrangez-vous pour que cette chose « hypothétique » qui fait tenir debout votre récit soit confortée par un récit d'un de vos personnages appuyé d'une référence, comme un livre, un article de presse, une fable racontée par une grand-mère.

Comment débuter le livre ?

Par où commencer pour accrocher le lecteur et lui donner envie de continuer la lecture ?

Les premières phrases d'un livre sont comme un lever de rideau derrière lequel vos mots vont donner l'ambiance*. Lors de toute rencontre, la première impression donne le ton. Parce qu'elle a fait ses preuves, la meilleure façon consiste à présenter votre personnage principal dès la première page, en essayant de le rendre attachant pour que le lecteur se sente proche de lui. Ainsi, quand quelques pages plus loin, c'est-à-dire lors des fameuses 8 minutes 30 secondes après le début d'un film, votre protagoniste va se trouver face à un énorme souci, le lecteur aura forcément envie de savoir comment il va pouvoir solutionner ce problème. Si vous aviez omis de préciser les convictions de votre personnage principal, vous vous essoufferiez rapidement.

Le début doit « éclabousser ». Dès la première phrase du premier paragraphe de la première page, on doit être plongé dans l'ambiance. Chronologiquement, le début d'une histoire se situe souvent très près de la fin.

Dans la vie réelle, la première impression est souvent celle qui reste, soignez la présentation de votre personnage dès la première page.

Pour séduire dès l'introduction, il en va de même que lors d'une rencontre amoureuse. Le personnage doit sonner vrai, vous devrez donc éviter les personnalités trop parfaites, votre héros futur doit avoir des faiblesses comme tout le monde, des tics de langage ou une gestuelle particulière. L'idéal est de lui donner une faiblesse qu'il n'assume pas et qui lui gâche la vie. Une des façons de les montrer rapidement, c'est une mise en situation avec d'autres personnages, mais pas plus de trois à la fois, sinon on va s'y perdre. **Les dialogues accélèrent toujours la révélation d'informations.** Souvenez-vous lorsqu'il vous est arrivé d'assister à une conversation entre plusieurs personnes alors que vous aviez rendez-vous avec l'une d'entre elles et que vous ne saviez pas laquelle c'était ; vous êtes attentif à ce qu'elles disent et vous commencez à vous faire une opinion… Ici c'est la même chose.

Dans la fiction et dans la réalité, certains détails peuvent sonner faux et d'autres peuvent séduire parce qu'ils semblent touchants et authentiques. L'autre façon de rendre amoureux, c'est de réveiller les espoirs abandonnés ; si vous croisez quelqu'un qui vous dit que vous auriez dû tenir tête à vos parents et devenir comédien au lieu de comptable et qu'il n'est pas trop tard pour reprendre des études, vous allez forcément le prendre pour un ami ! Appuyez-vous sur ces deux règles. La toute première description de votre personnage le présente de manière telle que 80 % des lecteurs pourraient se reconnaître en lui (ou elle, le sexe n'importe pas), et **dès le début il dévoile ses besoins et sa faiblesse,** celle qui le rend humain (il est gourmand, il rougit en présence des rousses, il joue aux courses en cachette, il collectionne les boîtes de préservatifs vides, il est superstitieux, maniaque du ménage, etc.). Cette faiblesse le rend vulnérable mais, qui sait, peut-être se révélera-t-elle un atout dans un moment critique !

Le début doit donc absolument intéresser pour **obtenir l'adhésion du lecteur.** Pour y parvenir, trois incontournables :

- caler le genre littéraire le plus tôt possible ;
- mettre en place l'histoire, qui fait quoi, où et quand ;
- rendre attachant le personnage ou le planter dans une situation in medias res, c'est-à-dire le placer au cœur d'une action difficile.

Ce dernier cas peut tout à fait sembler le fruit du hasard, contrairement au dénouement qui doit absolument émaner d'une démarche de réflexion aboutissant à une prise de décision*. Lorsque votre héros subit un gros pépin ou une catastrophe, votre lecteur ne peut pas faire autrement que de vouloir savoir comment il va s'en sortir, et ce d'autant plus qu'il lui sera sympathique. On accepte que le hasard puisse faire que le destin vous tombe dessus, car généralement les « tuiles » et les « pépins » ne sont pas admis comme le résultat d'une conduite passée. Cependant votre histoire sera plus forte si, au cours du développement, un flash-back révèle que l'origine du problème repose en fait sur un événement (antérieur à l'histoire racontée) qui hante votre personnage, explique ses valeurs morales et ralentit sa quête. **Le lecteur devra comprendre avant le personnage son besoin fondamental de façon à ce que la révélation soit plus forte.**

Dès l'écriture de la première page, vous devez savoir où vous embarquez votre lecteur et comment va changer votre personnage, sinon vous ne saurez pas où vous allez.

Comment séduire le lecteur ?

Commencez par « scotcher » fortement le lecteur avec votre personnage principal en prise avec un conflit immédiat qui l'entraîne dans une situation de crise dont il doit sortir. Finalement l'histoire apportera au lecteur tout ce qu'il doit connaître pour donner un sens cohérent. Les informations nécessaires à la compréhension pourront être données peu à peu.

Une bonne fiction produit chez le lecteur une montée émotionnelle, pour cela l'écrivain se doit de raconter des expériences qui vont faire écho à l'expérience du lecteur et réveiller en lui des émotions. C'est ce qu'on appelle l'« identification » ; mais ne vous y méprenez pas, le héros ne doit pas forcément être sympathique ou aimable, et l'identification ne doit pas chercher une ressemblance physique entre les lecteurs et les personnages ; la ressemblance se situe au niveau d'un besoin ou d'un désir clairement exprimé. Le lecteur comprend ce besoin, partage ce désir et s'associe à la quête parsemée d'embûches. Comment ? En expliquant chaque acte du héros, en justifiant pourquoi il fait ceci ou cela. Le lecteur doit comprendre chaque décision de votre personnage sans pour autant être d'accord.

Une image vaut mille mots, disent les Chinois. Vous devez montrer plus que raconter de façon à stimuler l'imagination visuelle, auditive, kinesthésique, gustative de votre lecteur. C'est parce qu'il aura l'eau à la bouche qu'il « vivra » l'expérience de votre personnage passant devant la vitrine alléchante d'une pâtisserie alors qu'il a décidé de perdre du poids. L'identification se passe au moment où le lecteur comprend votre personnage de l'intérieur et non plus de l'extérieur. Le basculement arrive quand vous avez suffisamment donné de renseignements extérieurs sur la perception (les cinq sens) et que votre lecteur « ressent » l'histoire.

Comment créer une résonance émotionnelle juste avec des mots ?

Un mot ne peut suffire ; donc décrivez en abondance pour permettre au lecteur de trouver l'ambiance. Pensez que votre intrigue deviendra un film et préparez le scénario pour le réalisateur de votre intrigue. Avec ce point de vue de votre histoire, vous comprenez que tout doit être décrit, tout ce que les sens humains peuvent capter. **Un détail sera abouti quand il fera écho aux cinq sens de votre lecteur.** Vous devez le nourrir d'informations qui lui permettent de vivre ou de revivre des expériences en se sentant vibrer comme vos personnages. Si votre écriture est à la hauteur du rendu des émotions, les images créées dans le cerveau du lecteur susciteront la résonance émotionnelle génératrice de l'intérêt. Aidez-vous de tout ce qui nourrit la compréhension, comme une parabole ou une allégorie*.

La crédibilité de l'attitude d'un personnage est renforcée quand on décrit ses émotions. Il est intéressant de faire se succéder des états émotionnels tantôt négatifs et tantôt positifs. Les aspects négatifs, tels que la peur, la panique, la colère, la haine, la rancœur, la tristesse, vont générer des actes violents envers les autres (agression, vengeance) ou envers lui (maladie, suicide, isolement). Les aspects positifs (espoir, soulagement d'une confidence, aide d'un proche) vont temporiser le rythme de l'action en lui donnant des moments de respiration. L'idéal est de donner beaucoup d'informations en peu de mots pour accéder au plus vite à l'imaginaire du lecteur qui passe en permanence du monde fictif de votre histoire au monde réel de ses souvenirs. Car il s'agit en effet de réveiller les inquiétudes, les frissons, les angoisses, les peurs qui ont habité son cœur dans la vraie vie. Pour y parvenir, l'art de l'écrivain va jongler avec les archétypes, la mythologie, la religion, et toutes les croyances populaires qui font qu'à une cause correspond forcément un effet que l'on craint… Le lecteur sera piégé par ses émotions et voudra savoir s'il a raison de frissonner. L'art de l'écriture repose alors sur la suggestion émotionnelle amenée par surprise et séduction.

Beaucoup d'enseignants en écriture vous conseilleront de n'écrire que ce que vous connaissez. C'est à la fois vrai et faux. S'il est en effet difficile d'écrire sur ce que l'on ne connaît pas, cela deviendrait très limitatif en ce qui concerne la contrainte au niveau de l'époque où se déroule votre histoire. Par principe, les lecteurs croient toujours que l'auteur a expérimenté tout ce dont il parle, car **l'écrivain possède cet atout fantastique de mêler habilement réalité et fiction**. En fait, s'il n'a pas vécu la situation dont il parle, il l'a expérimentée par le rêve conscient, il l'a imaginée parce qu'il l'a espérée ou parce qu'il l'a crainte, ou sa sensibilité a assimilé par empathie ce que d'autres lui ont raconté avoir ressenti. Pour faire vivre ses personnages, l'écrivain doit avant tout savoir se mettre dans la peau des autres. Il a donc réellement vécu dans le monde des émotions ce dont il parle. En écrivant l'histoire, essayez de vous mettre dans la peau des personnages, notez ce qu'ils pensent. Mettez du conflit ou une résistance à chaque personnage.

Reste à débattre si une émotion dont la cause est imaginaire peut être équivalente à une émotion dont la cause est réelle. Apparemment la réponse est oui, puisque les livres et les films peuvent faire pleurer ou rire.

Une histoire sera d'autant plus intéressante qu'elle reposera sur un paradoxe entre la logique de votre personnage et la logique du contexte. Ce décalage incohérent sera le problème à résoudre qui amorcera l'objectif de changement, le but de la quête de votre personnage.

EXERCICE 44

LECTURE DYNAMIQUE

Faites une lecture dynamique de votre ébauche d'histoire, posez-vous plein de questions : et si ceci... et si cela ?

Écrivez-les sur un fichier à part de façon à ne pas passer deux fois au même endroit et éviter de vous perdre dans l'histoire.

Créez le suspense, cumulez les questions dramatiques, gardez des informations, ne donnez pas tout, distillez.

L'élément déclencheur

Appelé également « incident déclencheur », c'est l'événement qui change la situation et oblige le personnage principal à agir. C'est ce qui va propulser votre histoire en donnant un objectif à votre héros. En prenant cette décision, il débute sa quête.

La seule façon d'**accrocher l'attention** du lecteur passe par l'évidence qu'il veut connaître la suite, en savoir plus **soit sur les causes, soit sur les conséquences d'une situation qui l'intrigue**. Pour cela vous devez avoir présenté votre personnage principal et l'avoir mis dans cette fameuse situation invraisemblable qui capte votre lecteur. Les auteurs américains ont même tendance à catapulter leur protagoniste dans une galère dès la première phrase.

En clair, collez un énorme problème à votre personnage ; le lecteur aura envie de savoir comment il s'en sort. Un fait traumatique crée toujours le désir d'en savoir plus, notamment pourquoi un personnage subit des malheurs, en particulier s'il y a un cadavre dès la première page.

Votre personnage a donc un gros problème qui semble difficile à résoudre. L'intensité sera d'autant plus forte que son problème s'opposera à ses besoins. Il n'est pas forcément nécessaire de chercher des catastrophes. Le besoin et le désir s'allient en synergie pour initialiser la quête. Imaginez un homme jaloux de sa femme qui apprend qu'il sera seul ce week-end, car elle est bloquée par une tempête de neige dans le même hôtel que l'équipe de France de rugby ! Que va-t-il faire ? C'est le premier nœud dramatique de votre histoire, au moment où le personnage principal donne une nouvelle direction à sa vie pour se sortir d'une situation difficile. Si vous avez des difficultés, prenez deux événements banals et faites-les s'entrecroiser dans des circonstances inhabituelles. L'intérêt naît car on veut savoir comment le personnage va surmonter l'incident. Tout au long de l'histoire, le retour régulier sur son aventure va en faire votre personnage principal qui anime le récit avec sa quête soutenue par un désir croissant. Face aux difficultés qu'il rencontre, pour maintenir son objectif, il doit augmenter l'intensité de son désir tout au long de l'histoire. L'élément déclencheur marche à tous les coups si l'on prend soin de raconter ensuite comment cela a pu arriver et comment le personnage va se sortir de son pétrin. L'histoire commence à ce moment de déséquilibre et se terminera quand l'équilibre sera rétabli.

EXERCICE 45

CINQ PERSONNAGES ATYPIQUES

Trouvez cinq personnages, puis caractérisez-les par un nom et un adjectif qui s'opposent, comme Élie, coiffeur chauve, ou Elsa, danseuse obèse. Laissez l'exercice de côté 1 heure ou 2 puis reprenez vos personnages et trouvez-leur à chacun un obstacle qui va engendrer leur quête.

Choisissez-en un et avec la quête imposée, trouvez dix obstacles.

Intrigue complexe

Une autre façon de rendre l'histoire intéressante est de créer des intrigues pour plusieurs personnages dont les quêtes s'entremêlent et se contrarient ou de créer une intrigue secondaire à l'intérieur de l'intrigue principale (obligation d'un second narrateur). Si vous ajoutez des intrigues secondaires, n'oubliez pas de les résoudre avant la fin de l'histoire principale.

Les caractéristiques principales de l'intrigue

Au début de l'intrigue, un ou plusieurs personnages (qu'il faut présenter) se trouvent face à un conflit :
- obstacle interne (affectif) ;
- obstacle externe : obstacle matériel (distance, objet...) ou événement (contexte social, idéologie) ou situation inextricable.

D'où une quête, un projet vital contrecarré par des obstacles. Cette quête fixe un objectif qui peut changer au cours de l'histoire.

La fin de l'histoire est atteinte lorsque :
- soit le personnage réussit à atteindre son objectif ;
- soit le personnage réussit à résoudre son conflit ;
- soit le personnage renonce à sa quête.

Mais dans tous les cas, à la fin, le personnage aura changé !

JE M'AUTORISE À ME FAIRE PLAISIR

EXERCICE 46

LES BONS CHOIX

⏳ 10 min

Citez 20 choses que vous aimez faire, dans l'absolu, même des choses que vous ne faites pas souvent ou que vous n'avez pas les moyens de faire.

Quelle est la dernière date où vous vous êtes autorisé l'une d'entre elles ?

Servez-vous de cette liste pour vos « temps avec moi ».

Continuez vos pages de réveil quotidiennes avec un joker d'une journée au choix dans la semaine.

Résumé : l'auteur, c'est vous !

Pour commencer à parler de votre personnage, vous devez absolument savoir où vous allez l'emmener, c'est votre histoire, c'est vous qui la conduisez et non pas lui, même si une bonne histoire donnera toujours l'impression d'être menée par le personnage qui « vit sa vie ». Aussi, attendez absolument la fin de ce livre avant de vous lancer dans la rédaction de votre roman même si vos idées se mettent à bouillonner ; prenez un maximum de notes, mais souvenez-vous que vous devez établir le plan de l'histoire avant de l'écrire.

Conseil de la deuxième semaine

« La créativité est une spirale évolutive,
lorsqu'on revient sur un sujet,
c'est à un niveau supérieur. Trouvez-vous
cinq bonnes raisons pour écrire. »

LA STRUCTURE

Comment cela se passe-t-il avec vos pages du réveil ? Est-ce difficile ?

Si ça ne vient pas, ne forcez pas, passez à autre chose en laissant votre cahier en évidence à côté de vous pendant votre petit-déjeuner, que vous n'hésiterez pas à interrompre quand les idées vont venir.

Lisez à voix haute ces principes de base :
- Je suis le héros de ma vie, je suis le personnage de l'histoire de ma vie.
- La créativité est l'ordre naturel de la vie.
- Je suis moi-même une création, comme mon écriture est ma création.
- Mon aisance à l'écriture se développe de jour en jour, pour mon plus grand plaisir.

NAISSANCE DU PERSONNAGE

Le personnage est un être fictif qui se doit d'être plus vrai que nature, il va se mettre complètement au service de l'histoire. C'est lui le moteur de l'aventure à travers laquelle il avance, progresse, recule, en se heurtant à des obstacles et en rencontrant des conflits qu'il doit surmonter pour que l'histoire continue.

Sans personnage, pas d'histoire ; c'est lui qui la conduit, il agit et réagit sans temps mort* pour fasciner le lecteur. Son voyage émotionnel doit être le plus vrai possible et cohérent avec chaque point précédemment écrit.

Dans une histoire, on distingue le personnage principal qui va mener l'histoire, quelquefois appelé « le héros », et les personnages secondaires qui vont lui permettre d'avancer ou de reculer selon qu'ils seront des alliés ou des traîtres. Certains même pourront accélérer l'histoire, comme les mentors ou les sages.

EXERCICE 47

CRÉATION D'UN PERSONNAGE

 15 min

Choisissez cinq autres vies imaginaires ; essayez d'en dégager des possibilités de rendez-vous créatif. Comment ? Comme si vous aviez la possibilité de vivre leur vie pendant une ½ journée, comme un rôle de comédien.

Dans la vie réelle, les êtres humains sont obligés de s'adapter au monde qui les entoure. Pour vivre en harmonie, ils doivent accepter des compromis et se comporter comme la société et les lois le leur imposent. Au contraire, dans une histoire, vous créez vos personnages en tout premier lieu, et ensuite vous inventez le monde fictif où ils vont évoluer pour atteindre leurs objectifs. Dans la fiction, vous créez un « monde fictif » adéquat avec ce que vous voulez démontrer.

....

EXERCICE 48

....

CHOISIR SON PERSONNAGE

⌛ 30 min

Sur ces cinq personnages fictifs, choisissez-en un et :

1 – écrivez pourquoi avec les avantages et les inconvénients de ce choix (5 min) ;
2 – souvenez-vous de la première personne connue qui faisait son métier (5 min) ;
3 – décrivez le personnage (5 min) ;
4 – imaginez et décrivez le lieu où il travaille (5 min) ;
5 – imaginez ses qualités, ses défauts (5 min).

....

EXERCICE 49

....

MONOLOGUE

⌛ 15 min

À partir des bons et mauvais côtés de son métier, faites parler le personnage, sous forme de dialogue avec un personnage imaginaire qui ne répond pas.

....

EXERCICE 50

....

LA GRAPPE DE MOTS

⌛ 20 min

Prenez une page blanche et écrivez un mot qui vous semble important, puis entourez-le d'un rond.

Écrivez à nouveau d'autres mots tout autour, et cerclez-les un par un. Une troisième fois, écrivez une série de mots tout autour des mots de la deuxième série.

Ensuite, relisez calmement et essayez de trouver des connexions entre certains mots que vous reliez alors par un trait.

Rangez cet exercice de côté pendant 24 heures, puis vous serez surpris de constater combien ce schéma va vous aider à écrire plusieurs phrases que vous suggère ce mot.

Il est intéressant de procéder ainsi pour la description d'un personnage ou pour mettre en place le déroulement d'une scène*, en ce cas, vous ferez une grappe de mots par personnage et vous relierez entre eux les faits communs.

EXERCICE 51

DÉCOR

 10 min

Imaginez un décor où se situe la scène et racontez.
Lecture-bilan : que manque-t-il ?

Le personnage et l'histoire

On peut difficilement parler d'histoire sans évoquer son personnage principal qui va porter votre parole et votre point de vue.

Histoire = qui fait quoi pourquoi

Qui est le mieux placé pour défendre votre idée, un homme ? Une femme ? Un enfant ?

L'intrigue suit la gestion du stress d'un personnage face à un événement soudain dont les causes paraissent possibles dans le contexte de l'histoire. Page après page, le lecteur va découvrir comment le personnage survit face à cette situation qui paraît invivable. Si votre personnage est heureux, il n'y a rien à raconter, il n'y a pas d'histoire. Par contre s'il est malheureux ou dans une impasse, c'est qu'il a un problème, on a envie de savoir comment il va s'en sortir ; ce cheminement constitue l'histoire. Votre personnage doit donc avoir un besoin de sortir d'une situation insurmontable, il est en position de faiblesse.

Histoire et personnages

Situation d'équilibre :
Un personnage avec des croyances, des valeurs, planté dans un monde-décor installé depuis longtemps.

Élément déclencheur et déséquilibre :
Son problème = sa faiblesse (il n'a rien d'un héros)/son besoin.

Démarrage de l'histoire :
Décision d'un objectif pour s'en sortir, quête, naissance du désir.

Ralentissement de l'histoire :
Succession d'opposants, obstacles, conflits en crescendo, augmentation du désir d'aller au but.

Crise, démoralisation extrême :
Hésitations, prises de risques, opposition de l'allié, il faut changer pour gagner.

Bataille finale :
Climax, intensité maximale, ultime effort où tous les moyens sont bons.

Révélation :
Au plus fort du combat, validation de la prise de conscience des erreurs.

Obligation de choix :
Changement de valeurs ou de croyances, en cohérence avec la faiblesse initiale qui est enfin surmontée, ce qu'il sacrifie n'est pas aussi important que ce qu'il va y gagner.

Nouvel équilibre :

Stabilité, retour au calme, le personnage change son monde en fonction de ses nouvelles valeurs morales, il n'a plus de désir à combler.

Fin :

Le problème est clos.

La géométrie de l'histoire

La base de votre histoire va servir de fondations à la rédaction du plan puis du récit. Elle doit être le plus solide possible afin d'éviter les faiblesses ou les hésitations d'écriture. C'est pourquoi quatre pieds constituent sa stabilité.

Elle repose entièrement sur le changement de votre personnage.

A - Comme « aboutissement ». Vous devez donc décider en premier quelle sera, à la fin de l'histoire, la révélation de votre personnage, psychologique ou morale.

B - Comme « besoin ». Vous revenez au début et décidez la faiblesse morale et psychologique de votre personnage.

C - Comme « combat ». Vous nommez son problème.

D - Comme « désir ». Vous exprimez sa quête.

Avant de commencer la rédaction de votre histoire, vous allez élaborer un plan qui vous rappellera les étapes importantes de votre voyage et vous empêchera de vous perdre ou de ne plus savoir dans quel sens avancer.

Les histoires au cinéma et à la télévision

Aux États-Unis, les scripts d'Hollywood répondent à une structure simple : un héros, un méchant, et un objectif qu'ils ont en commun.

En Europe, l'histoire d'un film est souvent menée par plusieurs personnages avec plusieurs buts et des interactions permanentes entre les personnages.

Le scénario du cinéma montre l'histoire forte d'un personnage.

La télévision, confrontée à l'angoisse du zapping, est obligée d'inventer des histoires extrêmement denses avec des personnages forts. Les écrivains de séries télé sont soumis à une pression qui les booste à écrire les meilleures histoires actuelles.

Le personnage et les dialogues

Chaque élément de votre histoire a son importance, tous ont à voir avec l'intrigue ou le « monde fictif ». Les dialogues sont là pour justifier les actes des personnages et en particulier les actes immoraux de :

a) votre protagoniste envers :
- ses alliés ;
- son opposant durant la bataille ;

b) son opposant envers le lecteur pour justifier moralement de ses actes en expliquant qu'il se croit dans le droit chemin ; une fois justifiée, son opposition sera encore plus forte, car comprise.

Les dialogues doivent être concis et dynamiques. Ils permettent les révélations et font progresser l'action de façon plus dramatique et théâtrale que ne le fait une exposition des faits. Les phrases doivent être spontanées et cohérentes avec le personnage qui les prononce.

EXERCICE 52

DIALOGUE

 30 min

Choisissez un autre de vos personnages, dans le choix des professions.

Listez 5 avantages et 5 inconvénients à exercer son métier.

Imaginez un dialogue avec son épouse, une dispute où vous utiliserez tous ces 10 points pour nourrir vos répliques.

Que constatez-vous par rapport à l'écriture précédente du monologue ? Soudain vous avez envie d'écrire, l'expression devient plus facile, parce qu'il y a un conflit.

Le conflit

Contrairement à la vie réelle, où ce qui est intéressant repose sur le plaisir et la satisfaction, la fiction nourrit son intérêt dans la succession de contrariétés, d'échecs, d'obstacles et de conflits, car ce qui excite l'intérêt du lecteur, c'est de découvrir comment le personnage va s'en sortir.

Les conflits sont les fondations sur lesquelles repose le développement de votre histoire, ils vont s'enchaîner dès le début de la quête de votre personnage pour étoffer l'acte central de votre intrigue. La succession d'obstacles doit rester possible et crédible ; si simultanément la mère du héros tombe gravement malade, que sa fille est arrêtée pour drogue et que sa femme perd son job, le lecteur risque de trouver l'histoire pathétique et exagérée, à moins que les ennuis des autres personnages soient des conséquences directes et immédiates des actes du personnage principal. N'oubliez pas que le lecteur s'identifie, et a donc envie de croire qu'il va s'en sortir pour chercher à savoir comment il va s'y prendre et continuer la lecture.

Les conflits font avancer l'intrigue, on peut en trouver plusieurs simultanément dans une même histoire. Par rapport à leur cause, la réaction du personnage peut être soit immédiate, soit différée.

Ils guident l'histoire soit vers une destruction, soit vers une croissance évolutive. Ils font partie intégrante de la vie réelle et s'expriment soit par des actes, soit par des mots. Les plus crédibles s'appuient sur les perceptions des personnages, leurs interprétations et leurs sentiments, plus que sur des faits extérieurs. D'où l'importance de réfléchir longuement à l'historique de la vie de votre personnage, même si vous ne la développerez pas dans votre intrigue.

Les personnages portent les conflits, que les obstacles soient internes ou externes.

On distingue six sortes de conflits, trois internes (avec soi-même), trois externes (avec les autres) :

- conflit émotionnel face à un problème physique : la maladie, une dépendance physique ;
- conflit mental avec soi, sa morale, ses tabous, ses habitudes, ses dépendances psychologiques ;
- conflit spirituel face à Dieu ;
- conflit de relation entre deux personnages, parce qu'ils ont le même but, le même objectif ; dans ce cas, l'autre apparaît comme le « méchant » ;
- conflit social face à plusieurs personnes, un groupe, une collectivité, une entreprise, une école, les générations, le racisme… ;
- conflit face à une force cosmique, la nature (volcan, cataclysme, déluge), une force paranormale, une technologie incompréhensible.

Pour être crédibles, ces conflits seront justifiés par « une bonne raison » qui évitera au lecteur de se poser des questions. Ainsi les conflits internes s'appuient le plus souvent sur une blessure ancienne, antérieure au récit, qui freine le désir du personnage et dérange les autres.

Le nœud dramatique

Le nœud demande à être démêlé. Si généralement le premier nœud de l'intrigue est assimilé à l'élément déclencheur, le dernier arrive peu avant le climax comme une sorte de compte à rebours dans un suspense maximal. Entre les deux, on repère également le point de non-retour*, quand le personnage est trop engagé pour faire machine arrière, et le moment noir*, quand il semble qu'il n'y ait plus d'espoir.

Le climax

Ce mot anglais, qui signifie « apogée, orgasme », désigne aussi le point culminant d'une intrigue. C'est le conflit ou l'obstacle maximal qui va faire basculer l'histoire. Le climax se caractérise par une tension* de l'histoire à son paroxysme et par l'apport de la réponse dramatique au problème du départ. Il doit être inévitable tout en restant surprenant. Le climax peut être physique (un combat) ou verbal (dispute). Jusqu'ici l'opposant a été le plus fort. Pour gagner, votre personnage est prêt à tout, même à commettre un acte immoral, ça passe ou ça casse : il doit choisir. Ensuite, la quête initiale peut se terminer. Le lecteur doit être surpris et le personnage comprend enfin qu'il doit changer lui-même au lieu de vouloir changer le contexte. Face à un choix, il doit se prononcer en comprenant qu'il s'est mal comporté soit avec lui-même (choix psychologique), soit avec les autres (choix moral). Acculé au climax, il choisit souvent la solution la moins pire.

La révélation

Ce moment particulier du choix est une révélation. Les valeurs de votre personnage vont changer. C'est la leçon de vie que vous proposez aux lecteurs. Vérifiez que cette transformation est rendue possible depuis le début de votre histoire et que le besoin initial de votre personnage peut évoluer vers cette transformation.

Comment opter pour une « bonne » révélation ?

Faites une large liste de toutes les possibilités de changement. Éliminez celles qui ne plairaient pas aux lecteurs et gardez le choix qui est concrètement réalisable. Pour valider cette piste, revenez en amont de votre histoire et ajoutez des rencontres ou des événements qui rendent ce choix possible.

Résumé : l'impact du personnage

Les défauts d'un personnage créent des conflits avec les autres.
Les dialogues d'une histoire avec l'expression des conflits font
le corps des personnages.
Les personnages forts font une histoire forte.

Conseil de la troisième semaine

« Apprenez à vous détacher de la banalité
de la vie, ne voyez que le beau, écoutez
les autres avec parcimonie, les avis d'autrui
vous détournent de votre voie. »

LES PERSONNAGES

Continuez votre entraînement à l'écriture, recopiez vos rêves et préparez un dossier dans lequel
vous allez ranger tous vos documents de travail.

LES PERSONNAGES FONT L'INTENSITÉ D'UN RÉCIT

Plus ils sont forts et crédibles, plus le roman sera puissant. Il est à noter la difficulté que vous aurez au début pour extraire vos personnages de votre propre vie. En fait, vous devez considérer vos personnages comme des acteurs qui ne parlent que si vous écrivez leurs dialogues, comme des marionnettes qui ne sont en mouvement que si vous tirez les ficelles. Pour les rendre vraisemblables, vous aurez un vrai travail de compréhension et d'analyse, qui vous amènera à construire leurs personnalités par rapport au caractère, au passé et à l'environnement de chacun d'entre eux. En aucun cas vous ne devez laisser le personnage entrer en vous et vous prendre vos émotions personnelles, ce serait une erreur fatale, vous seriez piégé au moment de la prise de décision qui vous semblerait autant la vôtre que la sienne. Et vous auriez face à vous des limites de bienséance et de préjugés qui ne seraient que les vôtres, pas celles du personnage. C'est l'inverse qui doit prévaloir, c'est vous qui entrez dans sa peau, comme les enfants qui jouent à la poupée ou aux soldats ; l'écriture vous donne le pouvoir de créer un monde où tout est possible, ne perdez jamais de vue qu'il s'agit de fiction.

Dans tous les cas, la vraisemblance de votre personnage dans son aventure tient au fait que les circonstances de votre histoire le font changer. S'il reste identique du début à la fin sans tirer le bénéfice moral des péripéties qui lui arrivent, il n'y aura aucun intérêt pour le lecteur qui attend une morale, une leçon, un exemple à suivre ou ne pas suivre, un suspense qui débouche sur une évolution… sinon à quoi bon raconter une histoire qui n'apporterait rien ? Les nouveaux livres coûtent cher, le lecteur en veut pour son argent.

Comment choisir le caractère d'un personnage ?

S'il est humain, votre personnage ne peut pas être complètement original. Tout ce qui est déjà arrivé sur cette planète peut à nouveau se reproduire. Les grands archétypes se reproduisent à l'infini. C'est pourquoi les remakes de film ont toujours autant de succès. L'étude des comportements, tant dans la mythologie que dans la psychologie, est une mine d'informations précieuses.

Comment trouver des idées pour améliorer les personnages ?

Lorsque vous étiez enfant, il vous semblait naturel de sortir vos jouets pour raconter une histoire. Dans votre livre, vous utiliserez des personnages inventés qui doivent porter à bras-le-corps votre récit en s'efforçant d'être plus vrais que nature.

Dans votre vie courante, soyez attentif aux personnes que vous croisez, observez-les comme si vous deviez leur donner un rôle dans l'histoire que vous écrivez, faites une fiche descriptive sur certaines d'entre elles. Vous avez compris que le lecteur aime être pris au sérieux et adore s'instruire en lisant une histoire. Aussi, je vous invite à vous imprégner du monde que vous avez choisi. Approchez-vous des policiers, écoutez leur langage si vous avez un policier dans votre liste de personnages.

Plus vos personnages seront vivants, plus votre histoire sera crédible. D'où l'importance de l'étude de leurs motivations* et de la création d'une fiche* par personnage.

Le lecteur doit se retrouver le plus rapidement possible dans la peau du personnage principal. Pour s'identifier, il lui faut les éléments nécessaires, concernant l'identité, la race, la religion, la profession, c'est-à-dire tous les éléments qui peuvent aider à définir précisément son profil. Nous avons vu qu'il faut apporter toutes ces informations rapidement, dès les premières pages. Bien sûr, une énumération serait fastidieuse à écrire et ennuyeuse à lire ; c'est là qu'interviennent la mise en scène et le dialogue.

Comment décrire le personnage ?

L'écrivain peut décrire son héros comme il décrirait un paysage, dans le style indirect. Les avantages : la facilité et la rapidité à lister les points caractéristiques ; les inconvénients : la présentation devient vite ennuyeuse.

Deuxième méthode, dérivée de la première : faire parler un autre personnage qui décrit à une tierce personne le personnage que vous voulez présenter.

Troisième méthode, la description comme si vous étiez une caméra qui filme votre personnage en cinéma muet, son aspect, ses gestes. Les avantages : la présentation est très vivante ; les inconvénients : cela vous oblige à choisir une scène forte où la plupart de ses traits de caractère vont apparaître. Il y a souvent une différence entre ce qui est dit et ce qui est exprimé, sauf dans le cas de la colère qui libère gestes et paroles. Le dialogue n'est que le haut de l'iceberg, le lecteur sera convaincu si vous lui donnez d'autres éléments descriptifs des attitudes ou réactions, un geste, un regard, des mains crispées, un souffle court donneront plus de puissance à la scène.

Quatrième méthode, le discours, le dialogue de votre personnage avec un autre où vont se révéler les traits que vous souhaitez dévoiler. L'avantage : très vivant ; l'inconvénient : c'est la méthode la plus difficile, car vous devez créer une scène à double but : l'avancée de l'intrigue et la description du personnage.

De façon à ne pas oublier des détails ou au contraire à les répéter deux fois involontairement, vous pourrez tenir une liste des points caractéristiques de votre personnage dans l'ordre où ils apparaissent au cours de l'intrigue.

LES RÔLES DES PERSONNAGES

On distingue cinq grands rôles :
- le personnage principal avec sa quête, appelé aussi le protagoniste, c'est celui qui mène l'histoire ;
- l'opposant qui ralentit la quête (obstruction) ;
- l'adjuvant qui favorise la quête (aide) ;
- le destinateur qui confie la mission (facultatif) ;
- le destinataire qui profite de la quête.

Un « bon » personnage est crédible, pour éveiller la curiosité et accrocher le lecteur :
- soit par sa description statique : tout ce que nous allons voir dans ce chapitre ;
- soit par sa description dynamique, c'est-à-dire par les actions qu'il entreprend, qui doivent répondre à une logique, c'est ce que nous développerons au chapitre intitulé « L'analyse dramatique : la technique de l'arbre » (voir page 183).

Le personnage principal entraîne le lecteur dans son inconscient. Pour avoir la sympathie, il est souvent seul, faible, vulnérable.

Il est intéressant de lui donner une faiblesse (souvent un peu comique), sorte de talon d'Achille qui le rend vulnérable dans certaines circonstances. Vous le présenterez avec sa vision du monde et sa façon de prendre les décisions. Il est souvent intéressant de lui faire commettre un acte immoral envers un autre personnage au début de l'histoire de façon à le rendre moins parfait et à pouvoir le faire évoluer sur ce terrain ; vous pouvez également décider qu'il a blessé les autres avant le début de l'histoire.

Le caractère d'un personnage doit être montré le plus fortement possible au lecteur de façon directe. Le personnage doit agir et prononcer des phrases sans équivoque avec son point de vue. Il vaut mieux laisser au lecteur le soin de construire l'image caractérielle du personnage et sa personnalité, au travers d'attitudes ou de comportements, que de décrire ses qualités ou ses défauts. Votre personnage s'exprime et, peu à peu, se crée sa personnalité sous deux facettes, celle propre à l'histoire et celle propre au lecteur qui a besoin d'informations pour comprendre. Tout ce qui est démonstratif va directement atteindre l'émotionnel du lecteur et ce sont ses émotions qui lui donneront envie de tourner les pages pour découvrir la suite.

Pour forcer ses traits psychologiques, n'hésitez pas à caler le décor sur son caractère ; un caractère joyeux avec un décor vif et une musique entraînante, un caractère lugubre avec un crépuscule… Pensez au cinéma qui utilise ce genre de procédés avec les éclairages et la bande sonore.

De la même manière, les vêtements contribuent à montrer un état d'âme. **« Montrez » plus que vous ne « démontrez ».** Une parole, une action, le cadre de vie renseignent sur les personnages et complètent le portrait statique. En montrant, vous touchez directement les émotions de votre lecteur, en démontrant vous faites appel à sa raison ; même un bon polar qui va exploiter votre réflexion utilisera toujours des images ou des clichés destinés à déclencher vos réactions émotives et vous troubler.

TRAVAIL SUR LE PERSONNAGE

Pour bien cerner un personnage, sa description pourrait être fort longue au risque d'être ennuyeuse. L'inventaire de ses caractéristiques physiques, mentales, psychologiques et émotionnelles est indispensable à une cohérence dans la progression de votre histoire. Vous aurez une fiche par personnage où vous cocherez les particularités au fur et à mesure que vous les utiliserez.

EXERCICE 53

LE PRÉNOM, LE DIMINUTIF

 10 min

Donnez-lui un prénom.

Expliquez pourquoi ses parents l'ont appelé ainsi, justifiez pourquoi ce choix, en fonction de quel passif dans l'histoire des parents.

Donnez-lui aussi un diminutif : qui lui connaît ce surnom ? Pourquoi l'appelle-t-on ainsi ?

EXERCICE 54

LA CARTE D'IDENTITÉ DU PERSONNAGE

 5 min

- Nationalité/sexe ;
- Nom/prénoms/date et lieu de naissance ;
- Taille/couleur des yeux/signes particuliers/origine ;
- Adresse ;
- Description de la photo.

EXERCICE 55

LE CARNET DE SANTÉ DU PERSONNAGE

 5 min

- Taille/poids/maladies d'enfance/hospitalisations/ accidents ;
- Identités des parents/particularités familiales/frères et sœurs ;
- Problèmes héréditaires/dentition/allergies ;
- Problèmes psychologiques.

EXERCICE 56

LES DÉFAUTS, LES MANIES, LES OBJETS FÉTICHES

 15 min

Pour que le personnage évolue tout au long du récit, il faut qu'il ne soit pas parfait au début. Les défauts et les faiblesses sont ce qui le rend humain et attachant, un personnage trop parfait n'aurait aucun intérêt puisqu'il ne surprendrait jamais le lecteur. Ses défauts vont permettre son évolution, donc un renversement du cours de l'histoire ; ses faiblesses laissent présupposer au lecteur qu'un changement est possible. Ce changement est la « leçon de vie » que vous donnez.

Listez les défauts de ce personnage, ses défauts apparents mais aussi ses défauts cachés qui vont lui jouer des tours.

Listez cinq mots porteurs de son malaise existentiel et qui synthétisent les aspects de son caractère incompris par les autres.

A-t-il des manies ? Un objet fétiche ? Des plats préférés ou détestés ?

Proverbes ou insultes préférés ?

Trouvez-lui une qualité pour le rendre humain, en imaginant déjà ce à quoi elle va lui rendre service.

EXERCICE 57

LE CONTEXTE

 30 min

Aspect social

- Situation familiale, origines (profession des parents) ;
- Profession/études/scolarité ;
- Niveau de vie : lieu d'habitation/voiture/vêtements ;

- Relations amicales et amoureuses/loisirs/passions/ goûts particuliers ;
- Religion/idées politiques.

Aspect héréditaire
- Y a-t-il un personnage dont tout le monde parle dans la famille ?
- Y a-t-il un pesant héritage à assumer ?
- Y a-t-il un secret dans la famille ?

Tendance sensorielle dans son expression
A-t-il un héros qui lui sert de modèle ?

Dites ce qu'il aime, ce qu'il déteste, exprimez ses attitudes sensorielles, il adore ou déteste tel bruit, telle boisson, telle musique... des particularités reliées aux cinq sens (vue, odorat, goût, ouïe, toucher) qui viendront pigmenter votre personnage. Imaginons par exemple que l'odeur du sucre cuit indispose votre personnage pour des raisons lambda, peut-être une brûlure dans l'enfance en voulant lécher une cuiller qui tournait du caramel dans une casserole posée sur la gazinière. Et supposons que votre héros se trouve dans une fête foraine, votre lecteur anticipera alors que l'odeur de la barbe à papa risque de l'incommoder et de provoquer des remarques ou attitudes de malaise.

EXERCICE 58

LE BONHOMME SYNTHÈSE

 15 min

Dessinez un bonhomme sur une feuille A4 verticalement, sa tête, son tronc avec un gros ovale vertical et quatre membres terminés chacun par une bulle.
- Dans le rond de la tête marquez ses désirs, ses peurs.
- Dans le rond du tronc, marquez toute son identité.

- Dans un pied, marquez son passé professionnel.
- Dans l'autre pied, marquez son passé familial.
- Dans une main, marquez ses défauts.
- Dans l'autre main, marquez ses qualités.

Les comportements

Pour être crédible, votre personnage de fiction doit avoir des comportements proches de la réalité. Régis par les hormones, les comportements fondamentaux des êtres humains sont complexes ; on peut toutefois dire qu'ils sont en priorité la conséquence de la sauvegarde de l'existence.

Les comportements apparaissent :

– **soit à la suite d'un besoin :**
de survie : respiration, sommeil, faim, soif, élimination (urine, selles), maintien de la température du corps (vêtements),
de pérennisation de l'espèce : sexualité, protection des petits (mère), agressivité (père) ;

– **soit à la suite de la mémorisation d'un plaisir ou d'une peur ;**

– **soit par rapport au contexte :** se mouvoir, se tenir propre, communiquer.

Pensez à incorporer certains comportements cohérents avec la situation dans laquelle se trouve votre personnage.

EXERCICE 59

ACTION !

 20 min

Imaginez une intrigue avec votre personnage.

Que peut-il bien lui arriver qui lui pose problème ?

Que va-t-il faire pour s'en sortir ?

Comment cela finit-il ?

Qu'est-ce qui a changé à la fin ?

Les émotions

On les classe généralement en deux sortes.

Les émotions positives de satisfaction, comme l'enthousiasme et la joie : cas où le besoin est satisfait.

Les émotions négatives d'insatisfaction, comme la tristesse, la peur et la colère : cas où le besoin n'est pas comblé.

Elles sont des indicateurs précieux pour évaluer où en est le personnage dans sa quête.

Elles ne sont pas forcément liées immédiatement à l'expérience ; elles peuvent avoir lieu avant (énervement, excitation, effroi, peur, crainte…), ou après (tendresse, amour, fierté, affection, dégoût, colère, haine, rage…).

Les émotions sont la preuve de la vie, elles s'arrêtent avec la mort. C'est le piment de la vie, doux ou fort, sans quoi vivre nous semblerait bien fade.

Mais les fortes émotions ne sont pas sans conséquences ; souvent dramatiques au point que l'éducation préconise d'éviter ou d'user avec parcimonie les choses, tant les objets que les situations qui donnent de l'émotion, comme la drogue, l'alcool ou la prise de risques. La quête d'émotions peut aller jusqu'à mettre en danger le corps qui réagit en produisant des décharges hormonales procurant des sensations de bien-être. Cette béatitude « naturelle » appelée « éclate » devient rapidement une addiction.

Les recherches médicales montrent que les émotions se communiquent facilement d'une personne à l'autre, souvent sans qu'elles en aient conscience. La contagion émotionnelle se produit en moins d'une seconde selon Elaine Hatfield de l'université d'Hawaii et auteur du livre *Emotional Contagion*. Plus une personne est expressive et sincère, plus ses émotions auront tendance à être perçues et imitées. C'est toute la base de la *commedia dell'arte*. Vos personnages se doivent d'exprimer des émotions pour toucher et associer l'humeur de leur lecteur à leur aventure.

Vous avez constaté à quel point votre moral peut être influencé à la sortie d'une salle de cinéma. Une enquête très documentée publiée dans le *British Medical Journal* révèle que la joie est un phénomène collectif qui se répand par vague à travers des réseaux sociaux, comme une émotion contagieuse et transmissible.

La synchronisation émotionnelle sera d'autant plus forte que l'intimité sera créée.

Partant du principe que les personnes les plus expressives arrivent à entraîner les autres dans leur climat émotionnel, vous forcerez les descriptions de manière à montrer les émotions en évitant les dialogues.

Pour la prochaine fois

Pages du réveil quotidiennes avec un joker d'une journée au choix dans la semaine.

Résumé : mémo succinct d'un personnage

Cette liste vous permet de vérifier que le bagage de votre personnage est prêt à partir en voyage pour l'histoire.

Quelle est sa faiblesse ?

Quel est son désir psychologique ou moral ?

Quelles sont ses valeurs ?

Quelles sont ses compétences ?

Quelle est sa réaction habituelle face à l'opposition ?

Conseil de la quatrième semaine

« Établissez la fiche de votre personnage sur une feuille volante que vous aurez toujours à côté de vous et que vous compléterez au fur et à mesure des besoins du texte. »

exercices 60 à 63

LA QUÊTE ET LES PREMIÈRES CONTRAINTES

DIAGNOSTIC DE L'ÉCRIVAIN

Sur vos pages de réveil, avez-vous pensé à mettre la date au début et la signature à la fin ?

Êtes-vous satisfait de votre production d'écriture, est-ce facile ou difficile ?

Comment réagit votre entourage ?

Vous laisse-t-on tranquille lorsque vous écrivez ?

EXERCICE 60

LE GÂTEAU DE MA VIE

⏳ 20 min (proposé par Julia Cameron,
in *Libérez votre créativité*, Dangles)

En vous aidant de votre décompte établi à l'exercice 33, dessinez un cercle, puis partagez-le en six parts :

- famille et tâches quotidiennes ;
- spiritualité et méditation ;
- exercice physique et activité sportive ;
- travail ;
- sorties, jeux et amis ;
- romance, aventure, évasion par la lecture.

Placez un point évaluateur dans chaque domaine pour la semaine passée, de zéro à dix sur le périmètre du cercle. Plus le point est près du centre, moins de temps vous consacrerez à cette occupation et, au contraire, plus vous y passerez du temps, plus le point sera à l'extérieur.

Dessinez l'étoile en joignant les points.

Constatez :

- Y a-t-il un domaine délaissé ?
- Prenez une bonne résolution et décidez d'une solution pour la semaine prochaine, en ayant conscience que le temps consacré ne pourra être disponible qu'en le dégageant d'une autre activité !

EXERCICE 61

LA LETTRE AU PÈRE NOËL

 30 min

Parmi les solutions possibles pour améliorer votre vie quotidienne, choisissez-en cinq qui dépendent de près ou de loin de la collaboration de quelqu'un d'autre que vous. Écrivez votre requête au Père Noël. Puis affichez la lettre dans un endroit où chaque membre de la famille pourra la lire. Vous ne manquerez pas de provoquer des réactions. En ce cas, proposez à chacun d'en faire autant et négociez au mieux un compromis dans la bonne humeur.

Votre famille a maintenant bien compris que vous avez pris la décision de consacrer du temps à l'écriture.

EXERCICE 62

UNE JOURNÉE DE RÊVE

 20 min

Racontez une journée de rêve, si tout vous était permis dans un monde sans loi, sans besoin d'argent... Justifiez votre point de vue en vous posant systématiquement la question : pourquoi ?

EXERCICE 63

ENQUÊTE SUR SOI

 30 min

Vous allez mettre à contribution quelques amis et leur téléphoner pour leur demander de répondre le plus rapidement possible à un portrait chinois vous concernant sur dix questions. Posez-leur les dix questions suivantes :

« Si j'étais ...., je serais .... »

- un animal
- une qualité
- un défaut
- un objet précieux
- une couleur

Et si je changeais, je pourrais être :

- une profession : ....
- un artiste : ....
- un roman : ....
- un tableau : ....`
- un monument : ....

En quelques phrases, écrivez les sentiments qui vous viennent immédiatement après ce questionnaire. Êtes-vous surpris par leurs réponses ?

Objectif : pensez positif

Dès votre réveil, utilisez des affirmations. Une affirmation, c'est une déclaration forte et positive. Choisissez-en trois et écrivez-les à la fin de vos pages de réveil.

Commencez par :

« J'ai le droit de » ou « J'ai la volonté de » ou « Je suis prêt à ».

Utilisez des mots constructifs comme :

Accomplir, aimer, créer, réussir, épanouir, guérison, créativité, rêves, écoute, guide, volonté, artiste, amour, vérité, énergie créatrice…

Les autres personnages

Votre récit va conter ce voyage au gré de rencontres avec d'autres personnages dits « secondaires » ; certains seront des facilitateurs (des guides) qui aideront votre personnage principal en lui rendant la tâche plus aisée, d'autres seront des opposants ou adversaires* qui ralentiront sa quête.

Un événement du passé raconté par un autre personnage peut tout à coup expliquer et rendre vraie une attitude. Les comportements expliqués par des événements anciens apportent toujours une bonne raison qui séduit le lecteur et donnent de l'intelligence à l'histoire.

Les personnages secondaires

Ce sont eux qui vont permettre à votre personnage principal de s'exprimer grâce aux dialogues. Limitez-vous à une dizaine. Ils sont dans votre livre parce qu'ils tiennent un rôle : aider ou gêner votre personnage principal dans sa quête. Mais ne leur donnez pas une histoire plus intéressante que celle de votre personnage principal. Les personnages secondaires ne doivent pas être là pour rien, leur brève apparition doit servir votre histoire ; s'ils n'ont rien apporté, supprimez-les. Une fois encore pensez comme si vous réalisiez un film, les acteurs ont un coût.

Ne négligez pas leur étude, prenez le temps de faire une fiche pour chacun d'entre eux. Vous devez les détailler au maximum, utilisez le même système de fiche que pour votre personnage principal ; pour éviter les confusions, choisissez des noms bien différents les uns des autres, imaginez-les physiquement comme si vous deviez fournir des renseignements pour un casting, décrivez leurs caractères, leurs manies, et limitez leur nombre au minimum, sinon votre lecteur risquerait de s'y perdre et de ne plus suivre le cours de l'histoire.

Le méchant

À son propos, Hitchcock affirmait que « **plus le méchant est réussi, meilleur est le film** ». Le méchant doit toujours être humain et construit comme le personnage principal, avec une quête lui aussi. Bien souvent il a la même quête que votre héros. Si vous pensez à justifier la raison de cette méchanceté, son attitude n'en sera que plus crédible, mais ces raisons doivent venir peu à peu comme des révélations progressives ;

si cette méchanceté est logique, le lecteur sera conquis. S'en prendre à sa faiblesse est une des façons d'attaquer votre héros et de le blesser. Le plan du méchant aura lui aussi une faiblesse que l'on découvrira au dernier moment, souvent grâce à un flash-back très ancien ou à une intrigue secondaire qui croise le chemin de la quête.

Les conflits dynamisent votre histoire, ils peuvent être soit internes, dans le cas où votre personnage vit un conflit psychologique qui l'oppose à sa morale, soit externes, contre une institution, une loi, un règlement ; ou contre un autre personnage. En tout état de cause, la concrétisation de cette opposition se fait grâce à un personnage secondaire qui représentera ce conflit (policier, homme d'église, employeur, ou tout simplement un opposant à la doctrine de votre protagoniste). Les actes de cet opposant seront eux aussi définis par un besoin spécifique.

Les alliés

Les alliés vont bien évidemment soutenir et aider le personnage principal, mais du fait de leur lien privilégié avec lui, ils vont aussi le pousser à basculer dans ses croyances fondamentales ; au moment où votre protagoniste perd sa moralité en faisant n'importe quoi pour gagner, l'allié lui manifestera sa désapprobation pour la première fois. Cette attitude amorcera la prise de conscience du personnage principal.

Attention, l'allié doit avoir un désir différent de celui de votre héros, sinon ils seraient rivaux, donc ennemis. Ce qui signifie que deux copines comédiennes se présentant à un casting pour le même rôle deviendront ennemies.

Créer des personnages secondaires typés

Constituez-vous un stock de personnages. Chaque fois que vous en avez l'occasion, prenez l'habitude de remplir une fiche de personnage sur votre carnet de poche, à la terrasse d'un café, dans le train, dans la queue du cinéma, jetez quelques lignes comme vous feriez la caricature de ces inconnus qui vous inspirent. De la même manière que vous auriez une armoire remplie de costumes de scènes, votre carnet vous offrira des minidescriptions qui vous aideront à écrire sur vos personnages secondaires.

Une bonne histoire possède souvent une intrigue secondaire où un personnage secondaire mène une quête lui aussi tout au long de l'histoire. L'emboîtement judicieux des deux quêtes aide à construire la révélation.

Les meilleurs conflits sont ceux qui confrontent des quêtes de personnages parce que leurs objectifs se contrarient. Pour cela, vous devez avoir précédemment présenté et développé ces objectifs.

Les personnages de décor

Ce sont ceux qui vont « meubler » la scène, comme le font les figurants sur un plateau de cinéma. Ils permettent d'intensifier le décor, ils ne parlent pas et ne font aucune action qui aurait une conséquence sur l'histoire.

L'ORIENTATION DRAMATIQUE

Pour raconter votre histoire, il existe cinq sortes d'orientations dramatiques :
- le personnage principal réussit ;
- le personnage principal échoue ;
- le personnage principal abandonne sa quête ;
- la quête du personnage est « indéfinie » ;
- le lecteur crée la quête (par exemple avec des dés dont la somme renvoie à un chapitre plutôt qu'à un autre).

LA QUÊTE DU PERSONNAGE PRINCIPAL

Tout au long de l'histoire, le personnage principal sera dynamisé par une quête qui le pousse à avancer vers son objectif. C'est cette démarche active qui porte votre histoire et votre point de vue. La raison d'une quête peut venir des circonstances extérieures ou d'une attitude du personnage, en tout cas, la quête sera toujours celle d'un personnage qui a un besoin ou un désir. Ce désir sera d'autant plus fort :

– qu'il est justifié par des échecs passés ;
– qu'il est la conséquence d'une situation oppressante quotidienne (ex. : une femme à la maison, qui effectue toutes les tâches ménagères de la famille et réclame de l'argent pour la moindre robe, désirera travailler à l'extérieur).

Avant tout, vous devrez décider quelle est sa quête, quel est son objectif. **La quête doit être logique, avec un objectif clair déclenché par une motivation universelle.** Plus la motivation sera claire, plus le lecteur pourra adhérer et avoir envie de continuer la lecture. Le personnage principal garde fermement le cap sur son désir malgré les embûches et les soucis, comme les héros de la mythologie, il vaincra les monstres et les dragons, et le lecteur frissonnera lorsque les autres personnages seront tout près d'anéantir sa progression, car il n'est pas un dieu et ses faiblesses peuvent le perdre.

La quête démarre pour se sortir d'un pétrin ; les chances de réussite doivent être à peu près de 50 %, sinon l'intérêt risque de chuter. Au fur et à mesure de l'avancement, la tension doit se faire plus forte.

La quête dure tant que le personnage cherche à sortir de la situation dangereuse dans laquelle il se trouve embarqué. Au bout du compte il comprendra qu'il est en fait en quête d'une vérité sur lui-même dont la prise de conscience assurera la fin de l'intrigue.

La quête est le carburant de votre intrigue, vous devrez donc vérifier à chaque étape de votre histoire (à chaque scène) que votre personnage est toujours dans la bonne quête, sinon, vous seriez comme un conducteur qui fait des détours pour se rendre à destination. S'égarer serait perdre toute crédibilité. Une erreur fréquente est de confondre la quête de vie de votre personnage avec sa quête dans cette histoire ; un moyen simple de vérifier est de contrôler que la quête prend naissance et se termine dans l'histoire que vous racontez.

Nous avons tous aimé les contes de fées et nous savons tous que la vie est dure, mais nous rêvons et **nous espérons avoir l'amour, la gloire ou la fortune**. En trois mots j'ai réduit les quêtes à trois domaines auxquels on peut ajouter la mission confiée par un autre personnage (quête d'un objet, d'un secret, d'une femme ou recherche pour tuer).

Essayez d'en trouver d'autres ? La survie, c'est l'amour de la vie…, une famille, c'est l'amour des enfants…, une quête spirituelle, c'est l'amour d'un dieu.

En fait, une autre façon d'aborder la motivation de vos personnages est d'étudier leur personnalité sous les cinq angles : être, avoir, vouloir, pouvoir, valoir…

Choisissez une tendance et accentuez-la.

Les conséquences de la quête

En menant sa quête, le personnage se confronte à des situations et à des personnages secondaires qui vont le faire évoluer. Il va se transformer. L'intrigue repose sur l'histoire de cette transformation qui aboutira peut-être sur un changement de vie, de profession, de responsabilités, une renaissance, une transformation individuelle… conséquences d'un changement intérieur du personnage. Le lecteur veut en avoir pour son argent, il veut être dépaysé, avoir des sensations. Le cinéma, la télévision, les jeux vidéo et la littérature proposent des sensations depuis le confort sécurisé d'un fauteuil.

Au travers d'un substitut appelé « personnage », nous flirtons avec des dangers balisés par la virtualité. Plus les personnages seront mis à l'épreuve, plus ils vivront d'émotions, plus l'histoire plaira.

Ainsi fonctionne la littérature ; certains lecteurs peuvent aussi devenir accros pour ressentir des émotions. Leur perception est signe de vie, donc d'existence.

Travaillez toujours cet angle de vue. Donnez des frissons de joie ou de peur, tournez à fond le bouton des émotions. Attention, ce n'est pas de l'émotion de votre personnage dont je parle, mais bien de celle du lecteur. Aussi n'hésitez pas à faire faire des erreurs à votre personnage principal, qui va se construire lui-même des obstacles supplémentaires. Les lecteurs adorent pressentir les catastrophes, ils se sentent intelligents et prennent du plaisir à lire.

L'étincelle de la quête

Comme nous l'avons vu, l'histoire repose sur la quête du personnage principal ; confronté à un problème, il suit son objectif coûte que coûte malgré les conflits et les obstacles jusqu'à ce que, acculé à une épreuve insurmontable, il change ses valeurs et ses croyances dans l'étincelle d'une révélation personnelle psychologique ou morale. Aussitôt l'objectif principal change lui aussi et la quête prend fin. L'histoire est bouclée. Ce parcours évolutif du personnage s'appelle l'arc* qui se tend sous la tension du suspense.

Lorsque vous commencerez à écrire cette histoire, vous devez savoir où vous allez, sinon vous ne resterez pas maître de votre livre et l'intérêt va s'en ressentir.

Résumé : check-list au sujet de la quête du protagoniste

1. Quelle est sa qualité principale qui l'oriente dans la vie ?
2. Qu'est-ce qui l'oppose au début de l'histoire ?
3. Qu'est-ce qu'il veut de façon vitale ?
4. Quelle est sa faiblesse ?
5. A-t-il un secret ?
6. Que sait-on de ses relations (sociales, familiales, sexuelles) ?
7. Quelles sont ses angoisses profondes ?
8. Où va-t-il finalement ?
9. A-t-il changé ou progressé ?
10. Quelle leçon d'humanité apprenons-nous ?

Conseil de la cinquième semaine

« L'important pour ne pas perdre le fil de ce que l'on va écrire, c'est de bâtir un plan avant de commencer à raconter ; pour cela, il faut savoir où l'on va, donc connaître la fin.

1. N'oubliez pas vos pages de réveil quotidiennes avec un joker d'une journée au choix dans la semaine.

2. Chaque matin posez-vous la question : Est-ce que je me souviens du rêve que j'ai fait cette nuit ? »

L'EXPÉRIENCE DU CONTE

Que ressentez-vous ?

Une poussée d'énergie ou de colère ?

L'un ou l'autre sont des combustibles, indice de bonne santé, indicateur de créativité latente, signe que l'ancienne vie meurt.

La renaissance est un outil de travail, c'est le moteur de la créativité, à l'opposé de la paresse, l'apathie et le désespoir.

EXERCICE 64

ÉTUDE D'UN CONTE DE FÉES

Choisissez un conte de Perrault que vous aimez particulièrement ; lisez-le à voix haute et répondez aux questions suivantes :

- Qui est le personnage principal ?
  - au début du conte ;
  - à la fin du conte.
- Quel est l'élément déclencheur de l'histoire ?
- Quelle est la quête du protagoniste ?
- Listez les autres personnages de ce conte.
- Certains de ces personnages ont-ils une quête, quelle est-elle ? Y a-t-il une intrigue secondaire ?
- Listez les conflits qui s'opposent à cette quête.
- Listez les obstacles que le personnage principal rencontre.
- À quel moment situez-vous le climax, le point de non-retour ?
- Quel est le dénouement ?

Faites un plan de cette histoire, comme si vous deviez faire jouer le conte sur scène à des enfants. Découpez l'histoire en scènes.

Essayez de grouper les scènes en actes.

Relisez votre plan, que remarquez-vous ? Si vous avez suivi la consigne, votre plan suffit à raconter l'histoire, rien ne manque qui puisse avoir une importance sur le cours de l'intrigue.

Le reste est de l'ordre de la narration, la touche personnelle de l'écrivain ou du conteur puisque n'oublions pas qu'à l'origine les contes étaient transmis par tradition orale.

CONSTRUCTION D'UN CONTE DE FÉES

Le conte de fées est une fiction enchantée qui commence par « Il était une fois ». Le récit se déroule dans le passé et finit bien la plupart du temps.

Grâce à cette introduction, le lecteur est prêt à accepter bon nombre de choses insolites, car il sait qu'il se trouve dans un monde fictif « fort fort lointain », inventé de toutes pièces. Dans ce cas l'auteur ne perd pas de temps à vouloir rendre vrai ce qu'il écrit puisque l'on se trouve dans un monde où tout est possible : on ressuscite après un baiser, on dort cent ans, un haricot pousse jusqu'aux nuages et un crapaud se métamorphose en prince.

Le conte de fées s'adresse à notre psychique plus qu'à notre raison, quel que soit l'âge du lecteur. Comme on connaît d'avance l'issue heureuse, les péripéties s'autorisent les pires cruautés et de sanglantes violences. Les grands archétypes se retrouvent pour un bal masqué où l'on ne sait pas si les comédiens sont indiens ou chinois, chacun les habille des vêtements de sa tradition et l'histoire mène son chemin de toute façon.

EXERCICE 65

AMUSONS-NOUS À CONSTRUIRE UN CONTE

- **Équipez-vous d'un dé, jetez-le une première fois pour vous attribuer votre héros :**

1 = prince ou princesse

2 = roi ou reine

3 = enfant (garçon ou fille)

4 = jeune homme ou jeune fille

5 = berger ou bergère

6 = animal porteur d'un sort

- **Attribuez-lui un handicap :**

1 = on lui a jeté un sort
2 = il est laid à faire peur
3 = il est enfermé depuis sa naissance
4 = un(e) rival(e) veut le tuer
5 = son roi lui demande une chose très difficile
6 = personne ne l'aime

• **Décidez du pays de nulle part où va se passer l'histoire ;** choisissez un lieu de départ et un lieu d'arrivée qui peut être celui du départ après un long voyage.

• **Puis choisissez une quête pour votre personnage principal** selon le domaine où il vous semble avoir quelque chose à dire en fonction des tendances :
– quête pour soi : l'amour, la gloire, la fortune ;
– ou bien mission pour un commanditaire.
Quel que soit votre choix, vous devez connaître la raison pour laquelle votre personnage part en quête.

• **Vous allez décider de son voyage et de ses péripéties** jusqu'à ce que tout s'arrange pour votre héros. Entre-temps, il se déplacera d'un lieu à un autre, d'une épreuve à une autre, dans un pays inconnu.

• **Lancez à présent le dé**, six fois, pour choisir vos rencontres avec des personnages secondaires et alimenter votre intrigue.

• **D'abord un personnage bénéfique, l'ami :**

1 = fée ou marraine
2 = génie ou magicien
3 = lutin ou elfe
4 = animal qui parle
5 = druide ou sage
6 = cavalier blanc

• Puis un personnage maléfique, l'ennemi :

1 = frère ou sœur

2 = vieil homme ou vieille femme

3 = père ou mère

4 = ogre ou géant ou soldats

5 = marâtre ou sorcière ou voleur

6 = diseuse de bonne aventure ou mendiant

• Ensuite un objet magique dont il ne pourra se servir qu'une fois :

1 = clé passe-partout

2 = bâton qui fige l'ennemi en statue

3 = poudre magique

4 = cape qui rend invisible

5 = bottes de sept lieux

6 = bonnet qui fait dire la vérité

• Et bien sûr, un animal mystérieux :

1 = chien ou cheval

2 = crapaud ou serpent

3 = oiseau ou chouette

4 = loup ou ours

5 = dragon

6 = rat ou renard

• Un animal ordinaire :

1 = chat

2 = lapin

3 = mouton

4 = pigeon

5 = poisson

6 = vache

• Enfin, une récompense :

1 ou 4 = la main de la princesse

2 ou 5 = un trésor en pièces d'or

3 ou 6 = une grande fête en son honneur

Il est temps de vous imposer une ligne directrice et une morale. Vous allez pouvoir vous lancer !

• **À présent, guidé par votre morale, choisissez cinq lieux parmi la liste proposée :**
village, ville, montagne, mer, campagne, chapelle, église, palais, chaumière, île, prison, tour, grotte, marché, temple, diligence, fontaine, route, rivière, forêt, chambre, salle de bal, lac, château, ruine, jardin, chapelle.

• **Choisissez trois ambiances :**
tempête, brouillard, pluie, neige, orage, canicule, froid, soleil, fanfare, vacarme, musique, cloches, cris, parfum de fleurs, puanteur, douceur, nuit, arc-en-ciel.

• **Choisissez trois obstacles :**
maison hantée, remparts, pont-levis, labyrinthe, précipice, sort, feu, anneau, couronne enchantée, piège, dispute, combat, malédiction, maladie, oubliettes, cachot, énigme, naufrage, querelle, blessure, révélation, secret, rencontre, poursuite, breuvage.

• **Choisissez cinq objets :**
fiole de poison, miroir, chandeliers, porcelaine, cristal, clé, porte, fenêtre, poignard, couteau, épée, bourse, grimoire, anneau, trésor, couronne, écuelle, cape, lampe, bateau, carrosse, tapis, médaillon, bracelet.

• **Notez chaque chose** choisie par vous ou par le sort sur un papier au format carte de visite.
Prenez soin de noter tous ces mots sur des petits papiers, posez-les devant vous. Regardez-les attentivement et inventez un conte.
• **Rédigez succinctement le conte** sans chercher à peaufiner vos phrases.

Ensuite vous testerez votre conte en le racontant à des enfants tout en prenant note des réponses que vous donnez à leurs questions. Les jeunes n'ont aucun scrupule à vous poser des questions embarrassantes et s'il manque un maillon à la chaîne de votre conte, ils vous le diront sans détour. N'oubliez pas de compléter votre histoire avec ces nouveaux éléments.

Voici un exemple de rédaction d'un conte de fées écrit à l'aide de cette méthode.
• Je prépare 30 fiches sur lesquelles je note soigneusement chaque item.
Je jette le dé, il affiche le chiffre 5, je choisis un **berger**.
Un nouveau lancer décide d'**un handicap : laideur**.
Je trouve un lieu de départ et un lieu d'arrivée en m'aidant de mon clavier sur lequel je tape deux lettres au hasard que je vais utiliser.
J'ai touché la lettre G puis la lettre T, mon héros partira d'une **grange** et nous quittera sur une **terrasse**.
Choix de la quête : **quête personnelle pour l'amour**.
Raison de cette quête : **il veut changer de vie et être heureux, parce qu'on se moque de lui**.
Les rencontres, lancez cinq fois le dé :
Une rencontre bénéfique : le 4 = **un animal qui parle**.
Une rencontre maléfique : le 5 = **un voleur**.
Une rencontre avec un objet magique : le 3 = **la poudre magique**.
Une rencontre avec un animal mystérieux : le 1 = **le chien**.
Un animal ordinaire : le 3 = **le mouton**.
Une récompense : le 4 = **la main de la princesse**.

Ligne directrice et morale :
C'est dur d'être aimé lorsqu'on est laid.
• Choisissons **5 lieux** :
Montagne, grotte, château, marché, prison.

- Choisissons **3 ambiances** :
Brouillard, arc-en-ciel, cris.
- Choisissons **3 obstacles** :
Cachot, pont-levis, remparts.
- Choisissons **5 objets** :
Fleurs, chandeliers, tapis, médaillon, écuelle.

Notons tous ces mots sur des petites fiches en carton et plaçons-les devant nous. Il en reste une pour y inscrire le dénouement.
Je décide d'associer les mots suivants :
- Berger, laideur, poudre magique, grange, montagne, mouton.
- Voleur, prison, médaillon, quête de l'amour.
- Brouillard, remparts, pont-levis.
- Écuelle, chien qui parle, blessure, secret.
- Fleurs, tapis, chandeliers.
- Fanfare, terrasse, cloches, main de la princesse, arc-en-ciel.

Imaginons une histoire dont voici une version.

Il était une fois, dans un temps très lointain, un berger qui était laid, si laid qu'il faisait peur aux loups qui tentaient d'approcher son troupeau. Les brebis, quant à elles, n'avaient pas conscience de son horrible visage puisque ses parents lui avaient enseigné à ne pas leur tailler les poils de laine qu'elles avaient devant les yeux en lui disant qu'ainsi elles ne se sauveraient pas du pré. Il vivait isolé dans sa grange perdue en montagne au milieu des pâturages, avec pour seul compagnon un vieux chien aveugle à qui il avait appris à parler.
Il ne descendait au village qu'une fois par mois pour y échanger quelques fromages contre d'autres denrées.
C'est un jour comme celui-ci qu'il crut faire une affaire en achetant sur le marché un médaillon renfermant

le portrait d'une belle jeune fille. Il ne savait pas que le vendeur était un voleur, et tomba immédiatement amoureux du bijou qu'il regardait sans cesse avec fascination au point qu'il en oublia de rentrer et s'endormit.

Les cris des gardes le réveillèrent au petit matin ; ils le ligotèrent et le jetèrent en prison, l'accusant d'avoir volé le bijou de la princesse.

Il avait beau se défendre et dire qu'on le lui avait vendu, personne ne le croyait. Il ne mangeait plus, ne se lavait pas, sa barbe poussait et il passait son temps à dessiner le visage de la jeune femme sur les murs, ainsi que sur le sol, sur les écuelles, bref, sur tout ce qu'il avait sous la main, et même sur le pain quand il ne lui restait plus que cela.

Cependant son vieux chien s'inquiétait et était parti à sa recherche la truffe au ras du sol. Il y avait tant de brouillard que personne ne le vit longer les remparts et passer la grande porte du pont-levis. Il approcha sans peine de la porte barreaudée du cachot et rassura le berger. Mais que pouvait bien faire un chien aveugle ? Pourquoi tant de malédictions autour de lui ?

C'est alors que le chien eut une idée et appela les gardes.

– Mon maître est un génie, si vous ne le libérez pas séant, il va vous jeter un sort comme il me l'a fait en me donnant la parole ; si vous me laissez sentir le bijou, je retrouverai le vrai voleur.

Les hommes discutèrent entre eux et reconnurent que le chien qui parlait avait raison et que, de toute façon, ils ne risquaient rien à essayer.

On fit sentir le bijou, le chien renifla et partit en trottinant suivi des gardes qu'il conduisit sans peine jusqu'à une grotte où était entreposé un important butin. Ils attrapèrent le brigand, mais refusèrent de libérer le berger, car il était selon eux trop laid pour être remis en liberté.

La princesse qui eut vent de l'histoire voulut voir cet homme qui faisait d'elle de si beaux portraits sans l'avoir jamais vue. On mit des centaines de fleurs, des tapis de soie et des chandeliers d'or dans le cachot pour accueillir l'invitée de marque qui passa le porche de la prison sous un magnifique arc-en-ciel. Les flammes des bougies rendaient presque vivantes les images dessinées sur les murs au point que la princesse les prit d'abord pour des miroirs.

En quelques jours, la barbe du berger avait tant poussé qu'on ne voyait plus sa laideur ; la princesse le trouva très aimable et lui demanda de venir au château pour faire de grands et beaux portraits d'elle dans chaque pièce. Comme il s'inquiétait pour son troupeau, elle promit d'envoyer des gens pour s'en occuper et lui demanda ce qu'il voulait comme prix pour devenir le peintre du roi. Le chien, qui était malin, lui souffla à l'oreille de lui demander si elle connaissait une fée qui pourrait le rendre beau. La princesse éclata de rire, ôta le médaillon qu'elle avait à son cou, l'ouvrit délicatement et demanda au berger de respirer lentement en faisant un vœu.

Le berger, qui avait bon cœur, souhaita très fort en secret que son chien retrouve la vue, après tout, il pouvait continuer à porter la barbe. La princesse n'en fut que plus conquise et déposa un baiser sur son front. Les deux jeunes gens s'aimèrent tout le reste de leur longue vie.

Pour célébrer les noces, le berger exigea la présence de son troupeau et de son chien bien-aimé. C'est sur la terrasse du château que les invités dansèrent et festoyèrent durant plusieurs jours.

Commentaires

L'histoire tient, elle a un élément déclencheur, une quête, un dénouement heureux. Elle a cependant des faiblesses à retravailler, notamment sur la succession des obstacles qui se déroulent un peu vite.

Pour la semaine prochaine

Commencez à relire vos pages et donnez-leur un titre, soit un titre résumé, comme un mot-clé, soit un titre original et farfelu qui n'a rien à voir avec le texte.

Résumé : à propos du conte

Les contes fascinent les enfants parce qu'ils répondent à un schéma narratif récurrent :
– stabilité initiale ;
– élément perturbateur ;
– actions, aventures et épreuves ;
– résolution ;
– retour à la stabilité (bonheur).

Conseil de la sixième semaine

« Aujourd'hui, passez plus de temps
à parcourir les faits-divers de la presse
ou à regarder un film qu'à écrire ;
oxygénez-vous avec les histoires vraies,
rêvez avec les intrigues des autres
pour ne pas vous scléroser... et si vous lisez
un roman, restez dans le même genre
que celui que vous voulez écrire. »

LA PRÉPARATION DE L'HISTOIRE

A vez-vous relu vos anciennes pages ?

Avez-vous pensé à leur donner un titre ?

Était-ce difficile de vous relire ou avez-vous ressenti du plaisir ?

Faites un commentaire positif en bas de vos pages de la semaine, personne n'est mieux placé que vous pour ce compliment.

L'habitude du rendez-vous avec vous s'installe peu à peu ; choisissez le moment artistique que vous voulez.

CONSTRUIRE UN SCÉNARIO

Le monde du cinéma est une vaste usine à fabriquer des histoires. Pour réussir à passer les étapes de la recherche d'un financement, l'écriture d'un scénario répond à des règles de plus en plus codifiées. Une telle rigueur de présentation successive peut vous aider à élaborer votre histoire.

La phrase clé

C'est une phrase pour tout exprimer en un minimum de mots, elle résume le sujet du récit. Dans le monde audiovisuel, on appelle ça le pitch, où vous allez dire justement « qui fait quoi pourquoi » avec l'intention de séduire et de donner envie d'en savoir plus.

La *log line**

Destinée au départ à accrocher l'intérêt des producteurs et les amener à lire un scénario, et concentrée en deux phrases au maximum, la *log line* présente l'essentiel de votre histoire en miniature. Elle sert aussi à amener ses lecteurs au cinéma ou à informer le programme TV ; la *log line* est une sorte de diagnostic d'une situation précisant le sens de l'histoire, la mission du héros sans révéler la fin, dans le but, là aussi, de susciter l'intérêt.

Log line = protagoniste avec sa profession ou sa particularité + objectif avec le genre (drame, comédie…) + forces d'opposition internes et externes.

Si l'on reprend notre petit garçon qui vole chaque nuit une voiture pour faire une balade, cela pourrait devenir :

En 1960, aux États-Unis, un garçon de 8 ans emprunte l'auto d'un voisin garagiste pour aller voir un match de basket où joue son héros. À un carrefour, il se fait arrêter par la police et ment sur son identité en déclarant être le fils du fameux joueur.

Le synopsis* et le traitement

Le **synopsis** fait 5 pages au maximum. C'est un plan avec l'enchaînement des différentes articulations de l'histoire, tandis que le **traitement** peut aller jusqu'à 10 pages et comporte quelques répliques essentielles.

On y trouve le déroulement des événements, la succession des péripéties jusqu'à la conclusion. Ces documents rassemblent la synthèse de l'intrigue, du début jusqu'au dénouement, en listant au passage les conflits, les obstacles, les rebondissements qui jalonnent le parcours du personnage principal. Ils permettent de mettre à plat les enjeux et de construire l'évolution détaillée scène par scène appelée le « séquencier ».

Le séquencier

C'est un terme exclusivement utilisé dans le monde cinématographique pour désigner l'ossature complète du récit. Une intrigue est composée de **séquences***, c'est-à-dire de passages qui forment une unité sur le plan du temps, des lieux, de l'action et des personnages.

Le séquencier présente scène par scène :
• qui fait quoi et pourquoi il le fait ;
• quelles sont les interactions entre les personnages ;
• où, quand, des minidescriptions ;
• les particularités qui auront des conséquences sur la suite de l'histoire.

Ce document permet l'écriture finale et ne comporte ni dialogues ni description détaillée.

Retenez-vous d'écrire le texte avant d'avoir élaboré ce document, cela vous évitera la frustration de devoir revenir en arrière pour ajuster l'histoire à de nouveaux éléments indispensables.

Les scènes

Chaque scène doit faire avancer l'intrigue. C'est comme si l'on ouvrait une porte dans l'histoire que l'on referme en fin de scène ; derrière la porte, un nouveau décor, un nouveau personnage, un nouveau monde à mille lieux d'ici ou dans une autre époque, un flash-back, un souvenir… On pousse la porte par curiosité, on la referme lorsqu'on a trouvé ce que l'on cherchait. Construisez la scène comme une histoire complète, d'un point bas jusqu'à un point culminant.

De temps en temps, inversez et commencez par le point culminant en revenant en arrière pour expliquer (attention, le flash-back doit toujours faire avancer l'histoire).

LE PLAN DE L'HISTOIRE

Avant de commencer à dessiner le plan d'une maison, vous allez vous poser quelques questions sur l'orientation, sur la vue extérieure, sur l'emplacement fonctionnel de votre bureau… près du séjour, près du jardin, près de la chambre pour telle ou telle raison. Il en va de même pour construire le plan de votre histoire.

Matériaux de construction du plan

Où commence mon histoire ?

Quel est le problème de mon personnage ?

Que cherche-t-il ? Quel est son besoin ?

Que prend-il pour objectif ?

Quel est son adversaire ?

Que font les personnages secondaires ?

Quels sont les obstacles qu'il rencontre ?

Comment les contourne-t-il ?

Quelle est la fin de l'histoire ? Gaie ? Triste ?

Le schéma de synthèse*

Quelques questions à se poser sur le premier jet du plan.

- **La quête :**
  - Est-elle bien définie dès la première page ?
  - Est-elle logique pour le lecteur compte tenu des circonstances ?
  - Les circonstances du début de l'histoire sont-elles surprenantes et intéressantes ?

- **La fin :**
  - La chute est-elle logique mais inattendue ?
  - Le personnage a-t-il évolué ?
  - La quête initiatrice du début trouve-t-elle une fin (réussite, abandon ou échec) ?
  - Le besoin initial émerge-t-il pour aider à la prise de conscience ?

Le canevas de l'histoire relie tous les nœuds dramatiques entre eux, depuis l'incident déclencheur jusqu'à la résolution en passant par la montée du crescendo des conflits ou des obstacles et le climax.

EXERCICE 66

LE CANEVAS

 30 min

Préparez un canevas avec une succession de scènes dans l'ordre où elles seront dans le roman (10 à 15 scènes).
Notez les relations de cause à effet entre les scènes.
Annoncez le problème du personnage.

LA DYNAMIQUE D'UNE HISTOIRE

Le suspense

L'intérêt de la lecture pour suivre la quête de votre personnage repose sur le suspense de l'action. Cette attente fictive doit stresser réellement le lecteur. Le suspense est toujours lié à l'écoulement du temps, car il crée chez le lecteur une projection dans un éventuel futur. On en distingue quatre sortes :

- **Un secret révélé** peu à peu tout au long de l'histoire, c'est le cas de l'enquête.
- **Un conflit fondamental** opposant deux personnages tout au long de l'histoire jusqu'au dénouement, par exemple deux jeunes gens s'aiment alors qu'ils ont le même père.
- **Une situation catastrophique** au tout début de l'histoire, dont votre héros ne va se sortir qu'à la fin.
- **Un « plan » installé dans le décor** au début qui va se trouver resurgir dans l'histoire au bon moment.

Le suspense repose sur les notions de risque et de danger, il prend naissance dans l'esprit du lecteur grâce à des indices soigneusement et discrètement installés.

Il existe également des façons d'écrire génératrices de suspense, notamment en plaçant les choses en contraste*, comme le caractère honnête d'un personnage et le fait qu'il soit obligé de voler pour que l'histoire avance.

L'atmosphère

Elle se construit à partir des questions : qu'y a-t-il au-dessus, au-dessous, y a-t-il des choses qui vont arriver, y a-t-il des choses qui vont disparaître ? L'atmosphère sert le suspense en ce sens qu'elle relate des faits en suspension, des événements potentiels. La rédaction d'une atmosphère réussie se mesure au fait qu'elle ne ressemble pas à une description que le lecteur perçoit de l'extérieur, mais qu'elle devient une vraie expérience sensorielle qui le happe et le plonge dans l'émotion du frisson, de la peur, de la joie ou de la tristesse. Une seule phrase ne suffit pas à imposer une ambiance. Dans ce domaine l'écrivain ne doit pas craindre les répétitions ; si l'atmosphère doit être triste, le lecteur doit devenir triste, si l'atmosphère est située sur un glacier avec un blizzard terrible, le lecteur doit frissonner à en avoir la chair de poule, s'il est au bord de l'océan, il doit avoir le goût du sel sur les lèvres. Chaque page doit rappeler le temps qu'il fait, l'ambiance qui règne. Utilisez pour cela tous les accessoires qui sont à votre disposition ; si le froid glacial pénètre dans le refuge, les meubles, les tapis, les couleurs, et même les aliments présents dans les assiettes doivent être froids !

La fin de l'histoire

Il vous faut en décider avant de commencer la rédaction de votre texte. Lorsque vous partez en voyage, si vous ne connaissiez pas votre destination, comment prépareriez-vous vos bagages ? Partez-vous à la montagne ou à la mer, à la neige ou sous les tropiques ?

Il vous faut savoir si votre personnage va gagner ou perdre, s'il atteint ou non son objectif. Il se peut que vous souhaitiez le faire changer de route et lui donner une autre destination, mais dans tous les cas il existe une destination finale par rapport à la situation initiale, sinon, il n'y a pas d'histoire, donc rien à raconter.

Surtout, évitez les clichés, comme celui du personnage qui sort d'un rêve, ou qui se suicide parce qu'il n'a pas résolu son problème ; le lecteur penserait « Tout ça pour ça ! », alors que votre objectif est qu'il soit si séduit qu'il puisse prêter votre livre à son meilleur ami.

Faut-il faire un épilogue* ? L'épilogue est plutôt utilisé dans les comédies. On fait un bond en avant et on découvre le devenir des personnages du point de vue naissance, mariage ou décès. Les histoires sérieuses n'en ont jamais. Si la fin est une bonne fin, elle suffit en soi.

Le lecteur doit se sentir pleinement satisfait en refermant votre livre. À la fin, le héros est libéré de son poids. Cette sensation de légèreté doit contaminer votre lecteur et lui laisser la satisfaction d'un travail bien fait.

Une rédaction efficace

Préparez votre voyage au pays des mots, faites des stocks de nourriture comme si vous deviez tenir un siège, annoncez à vos proches que vous « entrez en écriture » et s'ils ne respectent pas votre tranquillité, isolez-vous, partez. Si vous vivez en famille, annoncez que vous désirez le respect de votre travail et qu'il ne faut pas toucher à vos documents sans votre accord. Tous les soirs, refermez vos dossiers, rangez vos fiches soigneusement ; le fait de les manipuler peut vous apporter des rebondissements inattendus.

C'est du sérieux, comme un vrai travail, alors ne négligez pas non plus votre aspect physique, douchez-vous et habillez-vous. Installez tous vos documents sur une table ou par terre tout autour de votre fauteuil.

C'est parti, isolez-vous des éléments perturbateurs, mettez le téléphone sur répondeur, sortez le dictionnaire, prenez un bon petit-déjeuner, ouvrez la carte (c'est-à-dire votre plan) et laissez-vous emporter par votre histoire, embarquez-vous dans ce voyage avec votre personnage principal. Vos bagages sont parfaitement prêts, il ne vous manque rien, vous savez où vous allez et vous avez étudié la route.

Vous avez une assurance rapatriement qui vous autorise chaque matin à repartir d'où vous venez. Relisez les pages de la veille et enchaînez. Sur votre agenda personnel, notez l'heure de début et de fin de votre rédaction et, en face, marquez le nombre de pages ou le nombre de signes. Toutes les deux heures, faites une pause pour soulager vos yeux de l'éblouissement de l'écran, prenez une légère collation, ouvrez la fenêtre, parlez à votre chien (ou à votre poisson rouge), mais ayez votre carnet sous la main, des idées vont arriver, elles ne s'échapperont pas si vous les notez aussitôt, même brièvement. Et remettez-vous à l'œuvre avec la satisfaction de ne pas vous être arrêté pour rien.

Certains jours, l'envie d'écrire ne sera pas au rendez-vous, ce n'est pas grave, c'est sûrement le signe que vous ne sentez pas trop la suite. Alors, relisez tout depuis le début, refermez le dossier et allez vous oxygéner dans la nature, avec votre carnet, bien sûr. Ou mieux encore, imprimez votre texte et emportez-le avec vous dans un parc ou à la campagne.

Tenir le lecteur en haleine

Votre histoire plaira si le lecteur arrive à s'identifier et elle aura une valeur supplémentaire si elle est porteuse d'enseignements ou d'exemples. Votre personnage principal doit évoluer et changer selon un rythme progressif pour éviter de tomber dans l'ennui. Cela ne veut pas dire qu'il ne va pas faire d'erreurs, au contraire les échecs sont riches d'enseignements, donc d'intérêt. Imaginons une jeune fille qui veut devenir mannequin, si dès le départ elle rencontre par hasard un agent qui la recrute pour une pub télé, vous n'aurez pas lieu de raconter tout le travail que représentent les castings, les books de présentation, les heures d'attente. Ne vous trompez pas de quête, annoncez à votre lecteur les buts à atteindre et ne changez pas de route sans une bonne raison.

L'intérêt du lecteur est collé à la progression du personnage dans sa quête ; pour maintenir l'intensité, vous allez devoir distinguer les obstacles en crescendo de façon à faire monter la tension jusqu'au dénouement, c'est le crescendo dramatique.

Pour intéresser votre lecteur, vous devez le maintenir en haleine ; il lui faut de l'action, du changement, de la diversité que vous allez orchestrer avec intelligence. Votre personnage va se battre pour aller au bout de sa quête, peu importe qu'il réussisse ou non, ce qui compte c'est tout ce qu'il va endurer, tout ce qu'il va inventer, les monstres qui vont le ralentir ou les magiciens qui vont l'aider. Plus le lecteur adhérera, plus il frissonnera, plus vous deviendrez un bon écrivain.

Évitez de donner trop vite des informations sur l'histoire de votre personnage principal, le lecteur doit les découvrir peu à peu comme lors d'une enquête et se construire lui-même des possibilités de raisons qui, lorsqu'il les lira enfin, lui donneront l'impression d'avoir compris le caractère de votre personnage et donc d'être en intelligence avec votre roman. Valoriser un lecteur, c'est gagner sa confiance et sa publicité.

Mettez-le en appétit, ne le gavez pas trop vite, laissez-le déguster l'histoire. Le lecteur doit devenir dépendant de la lecture, scotché de plus en plus à l'attente de la suite qui se distille jusqu'à la surprise finale.

Les techniques d'ancrage d'intérêt consistent à construire une anticipation en introduisant un élément que votre personnage ne connaît pas ou à annoncer un présage* ou un quiproquo* par le biais d'un autre personnage. Ainsi le lecteur sait quelque chose que le personnage ignore ; le conflit ou l'obstacle prend une dimension plus importante qui déclenche le suspense chez le lecteur.

Le rythme

Il doit teinter l'ensemble de votre œuvre, à tous les niveaux, que ce soit dans l'intrigue, dans chaque chapitre et même dans chaque phrase. Pour s'aider, l'écrivain peut régulièrement enregistrer sur magnétophone ce qu'il veut raconter, puis le transcrire. Les conteurs d'autrefois étaient bien connus pour leur façon de captiver leur auditoire. Faites comme eux. Aidez-vous du synopsis, c'est un document de construction d'histoire qui vous permettra ensuite de rédiger de façon plus naturelle que si vous étiez tout le temps en train de chercher la suite. **Un plan et un synopsis bien huilé donneront une bonne histoire.** Il existe forcément des contre-exemples d'écrivains ayant écrit leur roman d'un seul jet, mais rien ne prouve qu'ils n'ont pas rodé leurs histoires dans leur tête durant des mois avant de prendre un stylo.

Le rythme de la phrase, le rythme de l'intrigue, le rythme du chapitre et le rythme du roman n'arrivent pas par hasard, ils sont le résultat d'un long travail sur le synopsis et la construction de l'intrigue. Le temps passé à la rédaction s'en trouvera fortement réduit si vous acceptez de passer des semaines à peaufiner l'histoire chapitre par chapitre. Ce synopsis d'une dizaine de pages servira de base à l'écriture.

Au même titre qu'un être humain, l'histoire doit avoir une vie, depuis son début (la naissance) jusqu'à la fin (la mort), accompagnée de joies et de peines. **La respiration donne le tempo.** Le lecteur doit être possédé par cette cadence qui va aller crescendo pour éclater et revenir enfin au calme. Ce que le lecteur attend, c'est de vibrer, et la montée en puissance de l'intrigue est tout à fait comparable à celle d'un orgasme ou à celle de l'énergie ressentie lors de l'enchaînement des passes pour marquer un essai dans un match de rugby.

L'écriture du rythme

Le rythme de l'histoire peut être amplifié en utilisant des techniques d'écriture.

Pour créer un rythme rapide, il faut utiliser des verbes d'action et des phrases courtes.

À l'inverse pour créer un rythme lent, il faut éviter les verbes d'action, utiliser les participes, mettre des mots de liaisons pour lier deux phrases, mettre des virgules et expliciter les points de vue avec de longs dialogues.

Le mécanisme d'une histoire

N'oubliez jamais votre partenariat avec votre lecteur, ne perdez pas de vue qu'il doit adhérer à vos propos, être fasciné par votre style, vibrer avec votre héros, s'inquiéter pour lui, imaginer des suites. Le lecteur prend l'identité de votre protagoniste et il attend de grandes émotions à condition que ce qu'il lit soit « possible » ; s'il doute et trouve les situations trop « incroyables », il risque d'arrêter la lecture. En même temps qu'il lit, il construit en lui plusieurs possibilités de suites, et vous devez prendre la plus étonnante.

Ciblez le thème dont vous parlez, ne passez pas de l'un à l'autre : fonder une famille, trouver l'amour, un métier, l'image de soi, les relations parents/enfants.

Avec votre livre, le lecteur veut soit trouver des réponses à une problématique personnelle, soit s'échapper de son quotidien.

L'idéal serait de répondre aux deux attentes. Abordez les grands thèmes de la vie sous un angle nouveau. Emmenez-le en voyage dans une autre vie, pour une sorte de réincarnation où toute la subtilité de votre talent d'auteur va devoir le prendre par la main dans un bain d'émotions. Pour cela, expliquez le plus que vous pouvez, n'ayez pas peur de reformuler mais évitez les grands raisonnements et les longues analyses, restez au plus près de votre personnage et de son histoire « personnelle ». Si vous lui avez apporté à temps les éléments au cours de l'histoire, votre lecteur comprendra de lui-même les raisons d'agir de votre personnage et il tirera satisfaction de cette compréhension. Le système de « causes à effets » est le plus efficace pour obtenir l'adhésion du lecteur ; vérifiez que les indices de votre argumentation suivent une progression logique.

Plus vous planterez d'indices et de graines d'actions en amont, plus il vous sera aisé de créer le suspense autour de ces potentialités. De même que des révélations vont obliger votre héros à décider de son chemin, elles embarqueront aussi votre lecteur dans des ébauches de possibilités qui créeront son adhésion à votre histoire.

Il existe plusieurs façons de monter au sommet d'une falaise : trouver une longue échelle, faire de l'escalade sportive ou faire tout le tour à pied par un chemin tortueux pour se retrouver en haut. De la même façon, il existe des méthodes pour arriver au bout d'une histoire, que vous utiliserez comme les anneaux verrouillés sur la paroi rocheuse.

De loin, on ne les voit pas, elles sont cachées par la performance du récit et la véracité des personnages, mais si vous les appliquez, la force de persuasion de votre histoire sera décuplée.

Donnez une quête à chaque personnage et bouclez chaque quête avant la fin.

EXERCICE 67

PREMIER ESSAI D'HISTOIRE

 1 heure

À vous, prenez deux images dans votre enveloppe à images :

– regardez-les attentivement, fermez les yeux ;

– imaginez un personnage, faites sa fiche.

Vous ne l'avez pas choisi par hasard, quels sont le thème et le sujet qu'il vous inspire ? De quoi avez-vous envie de parler ?

Quel point de vue allez-vous faire porter par votre personnage ?

Rédigez le plan d'une nouvelle en vous posant régulièrement la question : « Qu'a-t-il fallu pour en arriver là ? »

Les atouts d'une bonne intrigue

– la richesse des descriptions ;

– la nouveauté du point de vue ;

– la cohérence des personnages ;

– le pittoresque, les personnages typés ;

– le personnage doit avoir des particularités auxquelles le lecteur va s'attendre dans la suite du récit ;

– le dynamisme des oppositions entre la progression du personnage vers son objectif et les obstacles qu'il rencontre.

Petit conseil : l'excitation du corps sert d'indicateur à l'avancement du plan. Apprenez à écouter les réactions de votre corps tandis que vous écrivez.

LES DERNIÈRES ÉTAPES AVANT LA RÉDACTION

Les lieux

Votre histoire se déroule dans un ou plusieurs endroits. Ouvrez une fiche par lieu décrit. S'ils sont imaginaires, vous devrez prendre le temps de rédiger quelques pages pour les décrire sous forme synthétique de façon à pouvoir vous y référer à tout moment pour éviter une erreur. Si le couvre-lit de la chambre d'hôtel est bleu à la page 5 de votre livre, il doit absolument rester bleu à la page 83. Faites une fiche « Chambre d'hôtel » où vous listerez la décoration et ce que l'on voit par la fenêtre. Si ces lieux sont réels, documentez-vous auprès d'un office du tourisme et gardez à portée de main un dossier consultable au moindre doute. N'oubliez jamais que votre lecteur connaît peut-être mieux que vous cet endroit.

L'époque

Le roman sera plus fort s'il se passe dans l'éternel présent, cela permet d'éviter les erreurs historiques.

Il est préférable d'éviter les romans qui se passent dans un contexte récent traumatisant, car les lecteurs blessés seront des ennemis acharnés.

Si vous avez choisi une époque historique, recherchez de la documentation sur Internet, dans les offices de tourisme, dans les bibliothèques, interrogez les professeurs de faculté qui seront ravis de vous aider.

Le planning calendaire*

Choisissez une époque, à moins d'écrire de la science-fiction, tout votre roman va se passer à l'époque retenue.

Établissez un calendrier de votre histoire en une page, elle commence à telle date et finira à telle autre. Ce document vous servira de base pour repérer la chronologie des faits et éviter les erreurs. Si l'intrigue se déroule sur quelques jours, il sera également judicieux de repérer le déroulement des heures. Plus vous serez précis, plus votre histoire tiendra la route.

Le résumé en trois lignes

Un peu plus complet que la phrase clé, ce résumé (150 signes, espaces compris) révèle la fin. Affichez-le au-dessus de votre bureau.

Le titre

Il est temps d'envisager un titre à votre histoire. Pour le choisir, il n'y a pas de règles, cela peut se faire avant, pendant ou après la rédaction de votre manuscrit. La mode peut aussi intervenir sur la longueur de ce titre.

Réfléchissez toujours à plusieurs possibilités de titres. N'oubliez pas que le titre est un argument de vente, il doit être accrocheur et prometteur de suspense. Rien que ces quelques mots évoqueront tout un monde à votre futur lecteur. Vous pouvez choisir un titre qui colle au résumé de l'histoire comme sa métaphore, ou, si vous êtes à court d'idées, vous pouvez confectionner un assemblage de mots percutants.

Trouvez des qualificatifs pour décrire votre personnage principal.

Listez des mots caractéristiques de votre histoire.

Mélangez le tout, associez les mots-clés, cela donne des résultats surprenants.

Faites l'essai plusieurs fois, recopiez-les, vous choisirez dans quelques jours.

Le premier jet

Après avoir bien rodé votre intrigue, tant dans votre tête que sur votre plan, vous allez enfin pouvoir vous laisser aller à l'écriture. Mais attention à ne pas vous faire piéger par votre belle envie d'écrire ! Voici une contrainte de plus, vous ne pourrez pas vous lever de votre siège avant d'avoir fini… la rédaction de l'intrigue, c'est-à-dire les quinze à vingt pages qui résument l'histoire à son essentiel, sans dialogues, sans description. Si vous avez votre histoire bien en tête, ce sera très facile d'arriver à la conclusion.

Pour la prochaine fois

Soyez attentif à votre environnement et relevez une « synchronicité » cette semaine, c'est-à-dire un événement apparemment fortuit qui tombe à pic pour répondre à une de vos interrogations.

Résumé : la préparation

Ne vous lancez pas trop vite, ne vous laissez pas emporter par l'histoire, c'est vous qui tenez les rênes. N'hésitez pas à faire des croquis* et à utiliser les méthodes du monde du cinéma et de la télévision.

Conseil de la septième semaine

« Écrivez des petites histoires, plein de petites histoires, rodez-vous sur des nouvelles avant d'attaquer un roman. Continuez d'approvisionner votre carnet avec tout ce qui vous passe par la tête, c'est une méthode pour graver dans votre mémoire ce qu'habituellement vous oubliez. »

LA BOÎTE À OUTILS

——

La créativité, c'est deux pas en avant et, de temps en temps, un pas en arrière, ce qui compte c'est d'avancer. En bas de vos pages de la semaine, écrivez un encouragement chaleureux, comme vous auriez aimé en lire chaque jour sur vos cahiers d'école. Utilisez des crayons de couleur ou des surligneurs fluorescents pour accentuer leur impact.

LES INGRÉDIENTS DE SURVIE D'ÉCRITURE

Il s'agit de votre **petit carnet garde-manger** dont vous numéroterez les pages, au fur et à mesure.

Notez-y à tout moment tout ce qui vous permettra de nourrir votre histoire.

Adoptez un code de couleurs et classez chaque jet d'écriture.

Sur la première page, en guise de légende, notez le code de couleurs, par exemple :

- repère rouge pour des actes, des actions ;
- repère rouge cerclé pour un conflit ;
- repère orange pour une description physique d'un personnage ;
- repère orange cerclé pour une description émotionnelle ;
- repère vert pour des paysages ;
- repère vert cerclé pour des décors ;
- repère bleu pour une citation ;
- repère bleu cerclé pour une réflexion personnelle.

LA CONSTRUCTION EN ÉTOILE

La description est essentielle pour installer l'univers dans lequel évoluent vos personnages et pour situer chaque scène dans l'espace. Elle permet de donner de la vie au récit, grâce aux couleurs, aux sons, aux lumières, aux odeurs.

Souvenez-vous qu'une image montre toujours plus qu'une description et tentez de décrire comme si vous deviez recréer le décor d'un film.

Elle enrichit également les dialogues de vos personnages pour les rendre humains. Il peut vous arriver de buter sur une description, voici un moyen de vous débloquer.

Supposons que nous écrivons de la « science-fiction ». Dans le genre de la science-fiction, listez 10 mots rangés en colonne l'un sous l'autre.

Puis à côté de chacun de ces mots, écrivez trois mots en étoiles suggérés par les premiers, on obtient 30 mots rangés dans une deuxième colonne.

Dans une troisième colonne, listez des verbes d'action à côté de chacun de ces mots.

En associant ces mots, les idées vont forcément émerger pour vous permettre de développer votre texte.

LES FICHES DES PERSONNAGES

Dans la mesure du possible, essayez de donner à tous vos personnages une forte motivation. Posez-vous la question de ce qui leur donne envie de vivre, de ce qu'ils aiment, de ce qu'ils détestent par-dessus tout.

Ont-ils un but, une quête, une vengeance ? Non ? Alors ce ne sont que des figurants. Un personnage doit avoir une quête avec laquelle il va traverser votre histoire comme le Petit Chaperon rouge avec son panier ou comme Zézette qui poussait son caddy dans le film *Le Père Noël est une ordure*. Et lorsque vous présentez un personnage, imaginez que cette présentation se passe en vrai avec vous, évitez la frustration de votre lecteur, allez droit au but, dites ce qui motive le plus cet homme ou cette femme, son métier, ses enfants, sa passion. Pour cela, il est important d'établir des fiches de personnage.

La fiche d'un personnage est une aide précieuse pour avancer efficacement dans l'histoire sans faire d'erreur. Elle doit indiquer sa principale qualité, à quoi il s'oppose au début de l'histoire, ce qu'il veut, ses rêves, ses peurs, ses craintes, d'où il vient, ses habitudes, sa quête.

Puis pour donner toutes ces informations, vous allez organiser votre texte avec un maximum de dialogues qui permettent, là encore, à l'intelligence de votre lecteur de comprendre. Que préférez-vous : une salade sans sauce sur un coin de table dans une barquette en plastique ou la même salade avec des gambas sautées, des petites tomates et des aromates, le tout dans une assiette de porcelaine posée sur une belle nappe blanche ? **Une information passe mieux si elle est mise en scène** que si elle vous est donnée brute, c'est votre travail d'écrivain, sinon vous donneriez les fiches de vos personnages sans autre commentaire… Je vous laisse imaginer le succès de votre livre ! La fiche vous sert à mémoriser de petits détails qui donnent vie au récit. Si votre héroïne porte des lunettes de vue à monture rouge en page 32 et que vous dites à la page 55 qu'elle porte un pull bleu coordonné à la couleur de ses lunettes, il y a de fortes chances que votre lecteur se rende compte de l'erreur et décroche de l'histoire. Alors, quand vous ajoutez un renseignement dans l'histoire, vous l'ajoutez sur la fiche.

LE DIAGRAMME DES ALIBIS*

C'est un document de travail utilisé pour garder des faits à l'esprit durant le travail d'écriture, en ce qui concerne les suspects dans un roman policier.

LA PANNE D'ÉCRITURE

Deux raisons peuvent expliquer la panne : soit le manque d'idées, soit l'hésitation.

Le manque d'idées sera résolu si vous construisez méthodiquement votre intrigue, une fois le plan finalisé, les scènes et les chapitres établis, vous devrez rédiger ce que vous avez prévu. L'hésitation vient de la crainte d'imperfection, si vous prenez l'habitude de vous « lâcher » sur le papier blanc, la confiance en vous va s'installer et vous permettre d'oser.

Si malgré toutes vos précautions, vous étiez victime d'un blocage, voici quelques conseils de dépannage.

La petite panne, comme en voiture si vous n'avez pas pris la carte.

C'est souvent le type de désagrément qui survient lorsqu'on a été contraint par les autres de stopper l'écriture. Pour éviter la panne due à l'arrêt obligatoire pour partager le repas familial, ne finissez pas la phrase que vous étiez en train d'écrire, cela facilite le retour dans votre aventure avec aisance.

La panne moyenne, comme en voiture si vous avez négligé de mettre du carburant.

Vous avez une idée de ce que vous voulez dire, mais les mots ne viennent pas, vous êtes à sec ! Voici un exercice parfait pour vous permette de repartir.

Relisez le dernier chapitre, regardez où vous en êtes sur votre plan, puis listez dix mots sur une liste en colonne, en cohérence avec le moment de votre intrigue.

À présent, décollez du contexte de votre histoire, et à côté de chacun de ces mots, sur une deuxième colonne, listez deux adjectifs se rapportant à ces noms.

Sur une troisième colonne, listez un verbe d'action.

À part, listez sans hésiter cinq objets et cinq adverbes. Posez le crayon, relisez cette liste, fermez les yeux et écrivez une phrase. Cet exercice remue et stimule votre imagination et vous relance.

L'écriture est un juste équilibre entre une construction rigoureuse enchaînant des événements vers un objectif final et le flot émotionnel de l'écrivain. Une autre façon de reprendre l'écriture consiste à revenir sur les quatre dernières pages déjà écrites en rajoutant de l'émotion ; le cœur s'ouvre tout en donnant du corps au texte. L'écrivain entre dans la peau de ses personnages et du coup la suite s'impose.

La grosse panne, vous êtes obligé de continuer la route par un autre moyen.

La panne vient souvent lorsqu'on a abattu ses cartes trop tôt. Ouvrez grand la fenêtre, rangez votre bureau, prenez une douche et sortez pour changer d'air, ouvrez un journal ou allumez la radio, un fait va se produire et vous apporter une information pour vous aider à redémarrer votre texte.

Concentrez-vous sur votre personnage principal ; reprenez sa fiche en complétant la liste de ses problèmes et angoisses, ajoutez des espoirs qu'il pourrait avoir. Puis créez des situations où vous placez votre personnage face à ses craintes. Revenez en arrière quand ça bloque, relisez le plan, listez des conflits possibles, envisagez d'autres obstacles, sinon introduisez un nouveau personnage qui va aider ou freiner la quête du personnage principal.

Résistez à la tentation de relire la totalité de vos anciennes pages. Reprenez votre plan et lisez-le à rebours, étape par étape, jusqu'à l'élément déclencheur. Posez-vous mille questions commençant par pourquoi et répondez-y par écrit au fur et à mesure. Un nouvel angle de vue de votre histoire va émerger et vous aurez matière à reprendre l'écriture. Sinon, rangez ce manuscrit pendant plusieurs mois, il se peut que votre point de vue personnel ne soit pas assez fort pour continuer à écrire… En bref, il se peut tout simplement que vous n'ayez rien à dire !

L'ANALYSE RELATIONNELLE

Ce document est un outil, vous allez le compléter en même temps que votre synopsis ; prenez une feuille double au format A3. Placez au centre un carré dans lequel vous mettrez votre personnage principal, et en cercle tout autour d'autres carrés où vous placerez les autres personnages. Notez leur nom et leur rôle comme vous pourriez le lire sur un générique de film. **Collez des photos d'acteurs dans les cases de vos personnages** ou celles de vos amis qui pourraient remplir ce rôle… mais ne leur montrez surtout pas.

Au stylo noir, vous allez indiquer les liens entre personnages, par exemple entre une fille et sa mère, vous marquerez « fille » sur le trait qui part de votre personnage et « mère » à l'autre bout.

À chaque fois que deux personnages se rencontreront ou se parleront, vous ferez un trait avec une flèche entre les deux, en rouge si le personnage entrave l'autre, en bleu s'il l'aide. Rapidement vous allez vérifier que votre personnage est bien le personnage principal, c'est lui qui a le plus de relations avec les autres et les traits doivent faire une étoile autour de lui. Vous allez aussi déceler les caractères des personnages secondaires et pouvoir les confirmer en les intensifiant dans votre texte.

L'ANALYSE DRAMATIQUE : LA TECHNIQUE DE L'ARBRE

Cette séquence va vous aider à décortiquer votre histoire en fonction des actions du personnage principal. Bien sûr vous pourrez appliquer aussi la méthode aux autres personnages, cela renforcera la cohésion de l'ensemble.

Préparez des fiches au format carte de visite ou sur une feuille A4 partagée en huit.

Utilisez de la pâte à fixer pour les placer sur un mur ou, si vous préférez travailler au sol, achetez une grande feuille de plastique (genre toile cirée) qui vous permettra de rouler toutes vos informations si vous devez ranger votre travail ; il suffira de le dérouler pour le retrouver.

Drama signifie « action » en grec. Dans une histoire, c'est la succession d'actions qui fait avancer le héros. Mais à chaque fois qu'il fait un pas, demandez-vous s'il le fait dans le bon sens.

Ainsi, scène après scène, vous allez écrire sur un papier au format « post-it » le nom du personnage et son action en une phrase très courte.

Puis vous vous poserez la question suivante : « Qu'a-t-il fallu pour qu'il agisse ainsi ? »

Vous aurez une ou plusieurs raisons, que vous écrirez chacune sur un autre papier, apposé en amont de l'action analysée (au-dessus).

Puis demandez-vous : « Les réponses que je viens de trouver sont-elles suffisantes pour déclencher l'action de mon personnage ? »

Si oui, vous passez à une autre analyse, sinon, vous remplissez la fiche de cette nouvelle raison.

Les raisons que vous trouvez sont les causes de l'action analysée. Ces causes sont soit évoquées un peu en amont dans votre histoire, soit inventées à l'instant pour donner de la cohérence à l'intrigue. En ce cas, vous devez immédiatement remonter en arrière et rédiger ce qui manque à votre histoire pour qu'elle devienne absolument logique et cohérente.

Les réponses que vous venez de trouver feront elles-mêmes l'objet de la même analyse ; vous remontez ainsi le courant de la cascade, jusqu'à la source.

Vous allez peu à peu obtenir une pyramide renversée, qui ressemble à un arbre. Chaque branche est une tentative. Certaines resteront sans suite, mais la plupart convergent sur le protagoniste et son parcours vers l'issue de sa quête.

C'est un travail fastidieux et méthodique, qui vous demande rigueur et discipline, mais vous verrez rapidement à quel point son usage vous est précieux et vous permet de mieux gérer la mécanique de votre intrigue.

Pour ne pas risquer de perdre votre travail, il est plus prudent de numéroter vos fiches.

Vous comprenez aisément qu'une série continue ne se prête pas au classement puisque certaines actions peuvent être simultanées. Pour vous y retrouver, vous devez adopter une rigueur mathématique.

Vous aurez des fiches de circonstances (lieu, temps, climat, bruit, ambiance, tout ce qui n'est pas lié à un personnage) et des fiches de personnages (renseignées en haut et à gauche par les initiales de ce dernier). Vous pouvez choisir du papier de couleur par personnage.

LES TROIS MOYENS DE RACONTER

Les descriptions

Tout roman doit nous permettre de nous évader de notre quotidien. Essayez de peindre vos descriptions avec des mots et des phrases. Créer un univers est essentiel, chaque scène doit être travaillée au niveau des décors comme s'il s'agissait d'un film. Décrivez l'ambiance, c'est-à-dire tout ce qui se manifeste sur nos cinq sens de perception. Et pimentez les conversations de vos personnages par de courtes descriptions de leurs gestuelles et de leurs mimiques.

Les dialogues*

Le dialogue permet de raconter par la bouche d'un des personnages et donc de faire que certaines choses puissent être lâchées de façon anodine.

Il sert de réponse à une question d'un autre personnage et permet de faire avancer l'action, mais il sert aussi à donner certaines informations au lecteur. C'est un excellent moyen pour amorcer l'annonce d'un événement qui arrive 100 pages plus loin. Il permet aussi d'exprimer violemment le conflit entre deux personnages.

Attention aux commentaires sur les répliques qui minimisent la force des paroles.

Le ton et l'attitude utilisés vont exprimer les goûts, les manies, les croyances, les craintes de chaque personnage. Choisissez son vocabulaire, sa phraséologie, et respectez une spécificité pour chaque personnage au travers du dialogue, c'est le reflet de leur manière d'être et cela les rend vivants.

Le flash-back : un cas particulier

À certains moments de l'histoire, la compréhension nécessite l'apport de détails pertinents. Par son retour en arrière, le flash-back est une astuce bien commode pour raconter un événement du passé qui explique où nous en sommes dans le présent. C'est en quelque sorte l'histoire avant l'histoire. Mais c'est aussi un système narratif assez désagréable pour le lecteur par la lourdeur de la transmission d'informations. Votre lecteur préfère avoir des informations distillées au compte-gouttes qui lui expliquent et justifient les actes futurs de vos personnages ; la compréhension sera logique et satisfera votre lecteur, ravi de se sentir intelligent… on adore avoir deviné la réaction du personnage. Par son explication a posteriori, le flash-back a quelque chose d'insupportable. Aussi, lorsque vous sentez l'obligation de partir dans le passé, efforcez-vous de synthétiser au maximum ce que vous avez à dire, puis reprenez les éléments essentiels et tentez de les répartir plus en amont de votre histoire en glissant les informations dans des dialogues. Vous y gagnerez en légèreté et en intelligence, l'intrigue s'implantera plus en finesse.

Résumé : les outils

Une bonne histoire est comme un voyage ; pour être sûr que le lecteur ne descendra pas en route, n'hésitez pas à utiliser des astuces, vérifiez tout, variez le circuit mais gardez bien le cap, la boussole peut vous y aider.

Conseil de la huitième semaine

« Ne réécrivez pas toujours le même texte en pensant le rendre parfait, rangez-le dans un tiroir et ressortez-le quand vous l'aurez oublié. »

PREMIÈRES NOUVELLES

LA CONSTRUCTION D'UNE NOUVELLE

EXERCICE 68

LA NOUVELLE PAS À PAS

 1 heure

Maintenant que vous êtes entraîné au mécanisme, je vous propose une méthode pour construire une nouvelle. Contrairement au roman qui se doit d'être long et développé, la nouvelle est un récit court et dense. L'action démarre rapidement, les descriptions restent rudimentaires et la fin se caractérise par une chute inattendue. Ce qui implique que le roman peut faire évoluer de nombreux personnages alors que la nouvelle se cantonne à quelques-uns, voire à un seul.

• Partons d'un **fait-divers** qui vous choque, choisissez-en un au journal télévisé ou dans la presse.
Exemple : *En Chine sont organisés des spectacles où l'on donne à manger des vaches vivantes à des lions.*

• Par rapport au sujet choisi, **exprimez un point de vue**, en commençant par la phrase : « C'est génial de… », ou « c'est scandaleux de… ».
Exemple : *C'est scandaleux et inadmissible d'être aussi cruel.*

• Choisissez un **personnage principal** qui ne vous ressemble pas et confectionnez sa fiche de renseignements. Installez-le dans **une situation initiale stable**.
Exemple : *Une petite fille bordelaise d'une dizaine d'années, si vous êtes un homme, ou à l'inverse un petit garçon*

si vous êtes une femme. Soit pour l'exemple, une petite fille rousse de 12 ans, intelligente et espiègle.

Événement déclencheur, perturbateur :

Commencez par une idée en une phrase, une courte histoire qui arrive à un personnage.

Exemple : *Quelques jours plus tard, elle apprend qu'une délégation chinoise sera en visite officielle à l'Élysée. Elle doit tenter le tout pour le tout afin d'interdire de telles pratiques.*

• Précisez **trois étapes en crescendo qui vont conduire la quête**.

Exemple :

1 – *Elle contacte Brigitte Bardot, l'amie des animaux.*

2 – *Elle décide de rencontrer le nouveau maire de Bordeaux, bien placé au gouvernement, et pour cela s'adresse à un de ses profs qui fait partie du conseil municipal.*

3 – *Elle envoie des mails sur Internet aux associations de défense des animaux en leur demandant d'organiser une grande manifestation avec des animaux.*

• Organisez votre récit. Trouvez des **obstacles** à chacune de vos péripéties.

Exemple :

1 – *La vedette ne peut pas intervenir, elle est en voyage.*

2 – *Elle demande un rendez-vous à la mairie, on ne la prend pas au sérieux. Elle s'adresse à un de ses profs qui fait partie du conseil municipal, mais qui n'obtient pas non plus de rendez-vous ; alors elle attend devant la mairie avec une grande banderole qu'elle a tracée sur une nappe en papier et une petite souris dans une cage qu'elle se précipite pour remettre au maire à son arrivée. Tous les enfants de la ville contactés par Messenger sont à ses côtés. Le maire, interloqué, cherche à comprendre le but de ce cadeau, elle lui*

dit que c'est pour mettre dans la gamelle de son chat, comme les vaches offertes aux lions. Il en parlera au président de la République, mais ne peut promettre le résultat.

3 – La préfecture de Paris n'autorise pas la manifestation et annonce qu'elle instaure un contrôle sanitaire aux portes de Paris pour éviter l'entrée d'animaux.

• Trouvez un **dénouement**.

Exemple :

Plusieurs associations décident de venir avec un jour d'avance et campent sur le Champ-de-Mars et devant l'ambassade de Chine. Les officiels chinois reçoivent la fillette et lui promettent de faire quelque chose.

• **Épilogue**

Exemple :

Un an plus tard, elle part en voyage en Chine avec ses parents, et leur guide leur propose d'assister à un spectacle original... rien n'a changé.

• **À vous, suivez cet itinéraire et racontez...**

La nouvelle a peu de contraintes. Pour organiser votre récit, vous pouvez raconter dans l'ordre chronologique ou non chronologique avec des retours en arrière (analepse) ou des anticipations (prolepse). Le rythme sera succinct pour tous les événements collatéraux, mais détaillé lors de la scène principale. Soignez la formulation de la chute finale.

LA NOUVELLE GUIDÉE

EXERCICE 69

ÉCRITURE SUR LA CHEVALERIE

 1 heure

Vous partez dans une ambiance de légende. Des annexes de renseignements vont vous aider à pénétrer le monde de la chevalerie (voir page 196). Pour vous imprégner de l'époque, commencez par lire l'annexe sur les dix commandements de la chevalerie.

- **Le personnage principal :** un chevalier du Moyen Âge
Choisissez son nom en vous aidant de l'annexe 2, donnez des précisions sur son physique et sur ses qualités morales (annexe 3) et pour le rendre plus humain, accordez-lui une faiblesse même si un preux chevalier de légende n'a que peu de défauts.
Qualités morales : ....
Qualités physiques : ....
Talon d'Achille : un défaut ou une faiblesse : ....

- **Début : la situation initiale stable**
La scène se passe au château de .... où le seigneur vient d'adouber votre futur héros qui reçoit une épée, un écu, des éperons et un destrier.
Amusez-vous à armorier son écu, en le dessinant ou le décrivant.
Dans la chapelle du château, il prête serment solennel de servir loyalement son roi, de combattre contre l'injustice et l'oppression en parcourant les routes du royaume pour porter aide à ceux qui en ont besoin. Après la cérémonie, un grand banquet est organisé pour fêter l'événement,

des jongleurs et des acrobates font démonstration de leurs talents, les belles dames se racontent des secrets en riant, les hommes mangent et parlent fort, tandis que les musiciens accompagnent ce festin. Décrivez tout cela, imaginez le repas, les tenues, les bruits et les odeurs.

Cependant, votre chevalier prépare son équipement avant de festoyer.

• Liste de l'équipement :

Ce vocabulaire est volontairement peu courant de façon à vous obliger à en rechercher la signification dans le dictionnaire, comme vous devriez le faire pour un personnage qui travaillerait dans un secteur spécialisé dont vous ne connaissez rien.

L'armure : les jambières et les éperons, le gorgerin, le gambison, la coiffe, le haubert, le surcot, le blason, l'écu.

Les armes d'estoc (qui frappent de la pointe) : l'épée, la miséricorde.

Les armes d'hast, (montées sur une longue hampe) : la lance, le fauchard.

Les armes de choc : le fléau, la masse, la hache.

Les armes de jet (arc, arbalète) ne sont pas utilisées par les chevaliers à la guerre : tuer à distance était indigne d'un noble. On laissait ce soin aux sergents.

En vous servant du vocabulaire, décrivez ses préparatifs.

• L'élément déclencheur d'instabilité

Le banquet bat son plein, décrivez quelques mets, quelques scènes de fête.

Ensuite, trois possibilités s'offrent à vous :

A) Alors qu'il rejoint la fête, au détour d'un couloir, votre chevalier surprend une conversation dans un recoin sombre : un seigneur et ses complices projettent d'empoisonner le conseiller du roi.

B) Une servante entre dans la salle en hurlant et annonce à l'assistance que l'héritier du seigneur a été enlevé.

C) Un voisin de table enivré confie au chevalier qu'un seigneur voisin lève des troupes pour renverser la royauté.

Choisissez, écrivez, racontez.

• Les péripéties, l'aventure pour retrouver l'équilibre

L'aventure continue ; en fonction de l'élément modificateur que vous avez choisi, le chevalier doit :

A) se rendre au château du roi pour le prévenir du complot ;

B) se lancer à la poursuite des ravisseurs de l'enfant ;

C) lever une troupe de chevaliers pour assurer la défense du roi.

Avant de quitter le château, le héros vérifie son équipement et choisit quelques objets (en plus de l'armement et de l'habillement déjà décrits) qui lui serviront à mener à bien sa mission :

– choix d'un compagnon de route : un autre chevalier, un écuyer, un troubadour, un chien, un faucon, un cheval ;

– étude de l'itinéraire sur la carte : dessinez une carte sur laquelle vous ferez figurer le point de départ, ainsi que la localisation de tous les événements que vous raconterez ; vous y signalerez aussi les éléments géographiques (châteaux, cours d'eau, mers ou lacs, montagnes, etc.) que vous décrirez dans votre histoire.

• Les embûches, les obstacles, les freins

Le parcours sera semé de trois embûches, et votre chevalier fera plusieurs mauvaises rencontres, au choix : un dragon, une embuscade, un magicien, une sorcière, un géant, un aubergiste, des brigands, une dame, un prêtre, une horde de loups.

Chaque péripétie devra comporter au moins un dialogue ou un monologue.

• L'élément de résolution

Le dénouement se précise positivement (dans notre exemple) :

A) Il déjoue le complot.

B) Il délivre l'enfant de ses ravisseurs.

C) Il met en échec les traîtres.

• La situation finale dans une nouvelle stabilité

Pour remercier la vaillance de votre chevalier, le roi donne une grande fête en son honneur. Au cours de ce banquet, le roi lui offre une de ces trois récompenses :

– la gloire : un domaine et un titre ;

– la fortune : une bourse d'or ;

– l'amour : sa fille à marier.

Écrivez et racontez cette histoire.

ANNEXE 1
Les 10 commandements de la chevalerie

– Tu croiras à tout ce qu'enseigne l'Église et observeras tous ses commandements.

– Tu protégeras l'Église.

– Tu auras le respect de toutes les faiblesses et tu t'en constitueras le défenseur.

– Tu aimeras le pays où tu es né.

– Tu ne reculeras pas devant l'ennemi.

– Tu feras aux infidèles une guerre sans trêve et sans merci.

– Tu t'acquitteras exactement de tes devoirs féodaux, s'ils ne sont pas contraires à la loi de Dieu.

– Tu ne mentiras point et seras fidèle à la parole donnée.

– Tu seras libéral et feras largesse à tous.

– Tu seras, partout et toujours, le champion du Droit et du Bien contre l'Injustice et le Mal.

ANNEXE 2
Les noms du Moyen Âge

1. Prénoms masculins

Ancelin, Amaury, Anselme, Anthiaume, Arthaud, Aubert, Audibert, Aymeric, Aymon, Barthélémi, Baudouin, Benoît, Bérard, Bernier, Bertrand, Bohémond, Edmond, Enguerrand, Ernaut, Eudes, Galaad, Garin, Garnier, Gauthier, Gauvain, Gibouin, Gilemer, Girart, Godefroy, Gontran, Gonzagues, Grégoire, Guerri, Guilhem, Hardouin, Herbert, Herchambaut, Hubert, Hugues, Huon, Jehan, Lancelot, Merlin, Perceval, Philibert, Raoul, Raymond, Renaud, Robert, Roland, Savari, Sigismond, Tancrède, Thibaut, Tristan, Urbain, Ybert, Yvain.

2. Prénoms féminins

Aalais, Aliénor, Alix, Anthéa, Aremburge, Artémise, Astride, Aude, Barbe, Barberine, Béatrix, Berthe, Blanche, Blancheflor, Bradamante, Brunehaut, Cathau, Diane, Ermessende, Gallendis, Geneviève, Grisélidis, Gudule, Guenièvre, Hélix, Héloïse, Hermeline, Hersende, Hildegarde, Iseult, Léonor, Letgarde, Mahaut, Mélissande, Mélusine, Milesende, Morgane, Ursule, Viviane.

3. Noms de famille

d'Aiglemont, d'Aiguemorte, d'Aiguevive, d'Aspremont, de Beaulieu, de Beaupré, de Belleforest, de Bellegarde, de Bénévent, de Blancmoustier, de Boisjoli, de Boutefeu, de Clairefontaine, de Clairval, de Clochemerle, de la Combe-aux-Cerfs, de la Combe-aux-Loups, de Courtelande, de Courtepaille, d'Engoulevent, de Fiercastel, de Gardefeu, de Hauterive, de Hauteroche, de Hautfort, de Hurlevent, du Lac, de Maisonfort, de Mondragon, de Montaigu, de Montalembert, de Montardent, de Montbard, de Montfaucon, de Montfleury, de Montjoye, de Montmirail, de Montorgueil, de Morneplaine, de Mortelande, de Mortelune, de Neuville, de Noirmoustier, de Sautemouton, de Sauveterre, de Sombretour, de Sombreval, de Songecreux, de Valvert.

4. Surnoms

le Bel, le Bon, le Brave, le Fier, le Franc, le Hardi, le Jeune, le Matois, le Preux, le Sagace, le Sage, le Taciturne, Barberousse, Brisefer, Cœur-de-Lion, Dent-de-Loup, Sang-de-Bœuf, Taillefer, Tuemouches.

ANNEXE 3
Les vertus de la chevalerie

Loyauté

Le chevalier devait toujours être loyal envers ses compagnons d'armes. Que ce soit pour la chasse ou pour traquer un ennemi, le chevalier devait être présent au combat jusqu'à la fin avec ses compagnons.

Prouesse

Le chevalier devait être preux et posséder une grande vigueur musculaire. La force de l'âme était aussi très importante afin de combattre les redoutables adversaires qu'il pouvait rencontrer lors de ses quêtes. Il devait les combattre pour le service de la justice et non par vengeance personnelle.

Sagesse et mesure

Le chevalier devait être sage et sensé afin d'empêcher la chevalerie de basculer dans la sauvagerie et le désordre. Le chevalier devait avoir le contrôle sur sa colère, sa haine. Il devait rester maître de lui-même en tout temps. Les échecs étaient donc de mise pour le chevalier afin d'exercer l'agilité intellectuelle et la réflexion calme.

Largesse et courtoisie

Un noble chevalier devait partager autant de richesses qu'il possédait avec amis et paysans sous son aile. Lorsqu'il se rendait à la cour, il devait faire preuve de courtoisie. Il s'efforçait de se faire aimer par sa dame en étalant devant elle toutes ses prouesses. Il devait aussi la servir fidèlement. La noblesse purifiait en quelque sorte l'âme du chevalier qui avait dû tuer pendant ses quêtes.

Justice

Le chevalier devait toujours choisir le droit chemin sans être encombré par des intérêts personnels. La justice par l'épée peut être horrible, alors l'humilité et la pitié devaient tempérer la justice du chevalier.

Défense

Un chevalier se devait de défendre son seigneur et ceux qui dépendaient de lui. Il devait toujours défendre sa nation, sa famille et ceux en qui il croyait fermement et loyalement.

Courage

Un chevalier se devait de choisir le chemin le plus difficile et non le chemin guidé par ses intérêts personnels. Il devait être prêt à faire des sacrifices. Il devait être à la recherche de l'ultime vérité et de la justice adoucie par la pitié.

Foi

Un noble chevalier devait avoir foi en ses croyances et ses origines afin de garder l'espoir.

Humilité

Le chevalier ne devait pas se vanter de ses exploits, mais plutôt laisser les autres le faire pour lui. Il devait raconter les exploits des autres avant les siens afin de leur donner le renom qu'ils méritaient.

Franchise

Le chevalier devait parler le plus sincèrement possible.

EXERCICE 70

ANALYSE DE DEUX PREMIÈRES NOUVELLES
(en atelier d'écriture)

Philippe a choisi un personnage dans son catalogue.
Il s'agit d'une patineuse. Il repère un paysage dans sa base
d'images : une vue des pyramides d'Égypte.

• Écrire les fiches du personnage.

• Présenter en quelques mots le personnage.

C'est une jeune femme archéologue qui rêvait de devenir
patineuse artistique, mais qui s'est cassé la jambe à l'âge
de 14 ans et a dû tout arrêter ; elle est célibataire et vit
une relation régulière avec un homme marié.

• Chercher de la documentation sur l'Égypte et la région
  du Caire.

• Écrire un premier jet de nouvelle.

• Se poser des questions :

– Y a-t-il un élément déclencheur ?

– Y a-t-il une quête ?

– Oui, tomber enceinte de l'homme qu'elle aime.

Titre provisoire : La patineuse
Premier jet de sa nouvelle pendant 10 min d'écriture libre

Marie esquisse trois pas de danse.
Elle se voit dans le miroir avec ses patins. Elle a 15 ans.
Elle salue le public venu nombreux pour ce championnat
de France. Elle avait terminé quatrième, la pire place,
tout près du podium. De toute façon, elle n'escomptait
pas un si bon résultat, la concurrence était rude.
Dans ce splendide hôtel du Caire, elle se voyait jeune fille.
Tous ses temps libres étaient alors consacrés au patinage artistique, mais elle ne négligeait cependant pas
ses études. Elle n'avait pas encore décidé de son avenir.
Elle était obsédée par l'Égypte ancienne, c'était sa seconde

passion qui submergea tout et qui en faisait à 36 ans une archéologue internationalement réputée. C'était d'ailleurs pour son métier qu'elle était au Caire et elle n'y était pas seule. Michel Larski, son amant, y était aussi.

Il était P-DG d'un consortium immobilier multinational. Il n'était pas avec elle à l'hôtel, car il tenait à ce que leur liaison reste secrète ; il y avait des collègues de Marie avec elle dans l'hôtel.

Marie reçut un coup de fil, c'était Fabien, son colocataire à Paris.

– Tu vas bien chérie ? lui dit-il. Tu sais que tu me manques, l'appartement est bien vide sans toi. Je te dis ça, mais tu te doutes bien que Jacques en a profité pour prendre ta place encore chaude.

Fabien, en ami intime avec Marie, connaissait bien sa liaison avec Michel, mais il n'y fit pas allusion ; sans doute voulait-il les laisser tranquilles dans leur jardin secret. Marie dut arrêter la communication, car elle devait se préparer pour une soirée à l'hôtel en l'honneur du Dr Bermingam qui venait de découvrir une sépulture égyptienne de la deuxième dynastie. Le ministre égyptien de la Culture devait même être présent pour la réception et son collègue Pierre se faisait un plaisir d'être le chevalier servant de cette belle brune au teint clair et au corps élancé, dont le sourire de déesse la rendait rayonnante de gaieté non feinte.

Essayons de comprendre pourquoi Philippe a débuté ainsi sa nouvelle, interrogeons-le pour savoir comment il compte la poursuivre, et analysons-la pour lui permettre de développer son histoire et d'en améliorer la structure.

Commentaires
- **Attention au mélange des temps présent et passé.**

Q : Pourquoi se replonge-t-elle dans son passé de patineuse ?

R : Elle voit du patinage artistique à la télé.

Q : Quel est l'intérêt ?

R : C'est une éternelle perdante malgré tous ses efforts et sa patience.

Q : Y a-t-il un élément déclencheur ?

R : Elle revoit sa jeunesse.

Q : Trop banal, percutez d'entrée votre lecteur.

R : Avec le coup de fil ?

Q : Où est l'intérêt de ce coup de fil ? L'homosexualité de Fabien a-t-elle une importance ? Sinon, c'est à supprimer.

R : Il a croisé la femme de Michel, elle est enceinte. Du coup, Marie veut elle aussi un enfant de Michel.

Q : Pourquoi voudrait-elle tomber enceinte ?

R : Parce qu'elle avait fait un pari avec une copine.

Q : Insuffisant, c'est trop léger !

R : Parce qu'elle vient d'apprendre que c'est sa dernière chance.

Q : Laquelle ?

R : Elle commence à ne plus avoir de règles régulières.

Q : Cherchez plus fort...

R : Son amant a un cancer à la prostate et doit être opéré.

• **Correction**

Marie esquisse trois pas de danse.

Dans le miroir de la chambre d'hôtel, elle se revoit jeune fille tourbillonnant sur ses patins. Elle salue le public venu nombreux pour ce championnat de France. Elle avait terminé quatrième, la pire place, tout près du podium. De toute façon, elle n'escomptait pas un si bon résultat, la concurrence était rude. Et depuis cet échec, Marie se croit perdante !

Tous ses temps libres étaient alors consacrés au patinage artistique ; elle ne négligeait cependant pas ses études, même si elle n'avait pas encore décidé de son avenir. Elle était obsédée par l'Égypte ancienne, sa seconde passion qui submergea tout et qui en faisait maintenant, à 36 ans, une archéologue internationalement réputée. C'était d'ailleurs pour son métier qu'elle était au Caire et elle n'y était pas seule. Michel Larski, son amant, y était aussi.

P-DG d'un consortium immobilier multinational, il n'était pas avec elle à l'hôtel, car il tenait à ce que leur liaison reste secrète et il y avait des collègues de Marie avec elle dans l'hôtel.

La sonnerie du téléphone arrêta net Marie dans son salut, c'était Fabien, son colocataire de Paris.

– Tu vas bien chérie ? lui dit-il. Tu sais que tu me manques, l'appartement est bien vide sans toi. Marie, il faut que tu saches : j'ai croisé la femme de Michel... elle est enceinte jusqu'au cou. Marie, c'est le moment, pourquoi il te baratine qu'il va quitter sa femme alors qu'il l'a mise enceinte ? Tu dois lui parler !

Fabien connaissait bien sa liaison avec Michel que Marie lui avait présenté, il partageait ses secrets et la prenait dans ses bras les trop nombreuses fois où Michel lui faisait faux bond avec une excuse bidon.

Les larmes aux yeux et la voix paralysée par la nouvelle, Marie dut arrêter la conversation. Elle devait se préparer pour une soirée à l'hôtel en l'honneur du Dr Bermingam qui venait de découvrir une sépulture égyptienne de la deuxième dynastie. Le ministre égyptien de la Culture devait même être présent pour la réception et son collègue Pierre se faisait un plaisir d'être le chevalier servant de cette belle brune au teint clair et au corps élancé et mince.

C'est alors qu'on toqua à la porte ; c'était lui, le traître, le menteur ! Marie ne put s'empêcher de se jeter dans ses bras en pleurant.

Il la poussa sur le lit. Marie avait peur de lui dire qu'elle savait, mais elle osa lui demander :

– Fais-moi un enfant ! Dans quelques semaines tu vas être opéré de la prostate, c'est maintenant que tu peux enfin me prouver ton amour.

Sans avouer sa future paternité officielle, Michel la prit dans ses bras et lui répondit :
– Pourquoi pas ?

- **Autres remarques après les premières corrections**

Q : Ce n'est pas parce qu'on fait l'amour qu'on tombe enceinte. Comment va-t-elle tomber à coup sûr enceinte ?

R : Potion magique, filtre vendu dans le souk du Caire...

Q : Michel cède trop facilement, pourquoi ?

R : Il a peur de mourir, il a envie de se perpétuer au travers d'un enfant.

Q : Un enfant qui n'aura peut-être pas de père ?

R : Il espère que cet enfant lui donnera une nouvelle jeunesse.

Q : Mais sa propre femme est enceinte. Pourquoi faire aussi un enfant à sa maîtresse ?

R : Il aime les deux femmes.

Q : Pourquoi Michel ne lui a pas dit que son épouse était enceinte ?

R : Il a honte d'aimer les deux femmes.

Q : Alors il faut le lui faire dire. Quelle est la vraie problématique de Marie ? On doit le comprendre dans les quinze premières lignes.

R : Elle aime un homme marié, les années passent, elle veut un enfant.

Q : Plus fort.

R : C'est une perdante, elle foire tout dans sa vie, même ici où elle est la plus brillante archéologue, c'est la femme de l'ambassadeur qui est la vedette ce soir.

Q : Humiliez-la franchement.

R : L'appartement de fonction qu'elle devrait avoir au Caire vient d'être attribué à son assistant parce qu'il est marié et a deux enfants et qu'elle est célibataire sans enfants.

Q : Comment voyez-vous la fin ?

R : Elle l'emmène dans le tombeau de la reine pour que la magie du lieu favorise la fécondité, mais tout s'éboule, ils sont enfermés dans le tombeau et meurent.

Q : Plus fort...

R : Elle en réchappe, pas lui...

Q : Pourquoi le sacrifier lui ?

R : C'est un salaud !

Q : Et si c'était l'inverse, elle meurt avec peut-être un enfant dans le ventre.

R : La pauvre !

Vous aimez trop votre personnage, c'est un peu de vous-même ; décollez, sortez de la vie de cette femme, jouez aux marionnettes avec vos personnages. Le lecteur veut ressentir des émotions.

C'est au moment de la fin que l'on comprend qu'il manque une ligne directrice, si vous l'aviez fixée au départ, on sentirait mieux la cohérence.

Imaginons, par exemple, le point de vue suivant : « forcer une décision ne paye pas », la conclusion devient évidente.

Ou bien, « il n'est jamais trop tard pour faire un enfant », c'est une autre fin.

Ou encore, « la confiance et la patience sont récompensées ».

D'où l'importance de savoir comment on mène sa barque, à rame ou à voile, ce ne sera pas le même cheminement.

Merci à Philippe pour avoir servi de cobaye dans cet exemple.

Nous constatons qu'il est difficile de partir en voyage sans savoir où l'on va ; la structure a de l'importance, sinon, pour obtenir un niveau de cohérence acceptable à la lecture, une désorganisation systématique viendra saboter notre travail à chaque relecture et vous n'en finirez pas d'ajuster votre histoire à votre texte alors que c'est votre texte qui doit coller à votre histoire.

Hélène nous propose son expérience

Elle a sélectionné la photographie d'une fillette qui caresse un petit chat pelotonné sur ses genoux et celle d'une carte postale avec une plage déserte bordée de palmiers.

Elle nous présente les fiches de son personnage et la synthèse en quelques mots :

Deborah est fille unique, elle a 8 ans, son père est mort dans un accident de voiture l'an dernier, c'est à ce moment-là que sa mère a accepté de lui acheter un petit chat. À force de chercher, sa mère vient de rencontrer un homme, ingénieur dans une firme internationale du BTP. Elles vont le suivre en Indonésie où la fillette ne pourra pas emmener son chat.

Le premier jet de la nouvelle est le suivant :

Comme chaque jour, Deborah rentre de l'école en courant, non pas pour voir son émission préférée à la télévision ou pour se régaler de son goûter, mais juste pour prendre son petit chat Bouboule sur ses genoux et le caresser jusqu'à ce qu'il ronronne de plaisir. Mais aujourd'hui, lorsqu'elle pousse la porte d'entrée de l'appartement, elle découvre avec surprise que sa mère est déjà rentrée. Elle n'est pas seule, il y a cet espèce de grand abruti de Robert que la fillette déteste parce qu'il lui parle comme à un bébé de 2 ans alors qu'elle vient d'en avoir 8. Robert voudrait que Deborah l'appelle « papa », il sent fort la cigarette comme un cendrier et en plus il pique avec sa barbe mal rasée. Son vrai papa à elle, il sentait bon l'eau de Cologne. Mais il a été tué en voulant éviter un hérisson, il a donné un coup de volant et l'auto s'est emplafonnée dans le poids lourd qui venait en face. La petite était derrière, elle l'a échappé belle.

Sa mère lui dit qu'elle a une bonne nouvelle, ils vont partir très loin tous les trois, au bout du monde, Robert va s'occuper du chantier de construction d'un grand hôtel à Bali. Ils lui montrent les photos de la plage et de la nouvelle maison. Deborah a peur, elle ne veut pas changer d'école, elle ne veut pas perdre ses copines. Alors elle prend son chat dans les bras et le serre fort contre son cœur au point qu'il miaule et cherche à se dégager.

Robert ne manque pas de dire :

– Tu vois, je te disais bien qu'il est méchant ce matou, il m'a déjà griffé plusieurs fois !

– C'est toi le méchant, hurle Deborah, et puis ici c'est pas ta maison ! Et...

Elle n'a pas le temps de finir, sa mère vient de lui administrer une gifle et de lui ordonner de filer dans sa chambre. C'est un bruit bizarre de meubles que l'on traîne au sol et de conversations courtes qui vont la réveiller le lendemain.

– Vas-y ! Doucement ! Ohhh ! Pousse à droite ! C'est ça !

Quand elle se lève, elle découvre avec stupeur que le salon est bondé de cartons ; sa mère lui sourit, elle a oublié la gifle, mais pas la fillette.

Elle court à la cuisine pour verser le lait dans la coupelle de Bouboule comme tous les matins. Mais le chat n'est pas là !

– Il s'est sauvé, lui dit la mère, s'il n'est pas là dans une heure, nous partirons sans lui !

Comme pour donner le change, la mère a attendu 1 heure 30 minutes, le chat n'est pas revenu, le camion est parti au garde-meubles, Deborah a laissé la coupelle sur le rebord de la fenêtre.

Questions/Réponses

Q : La nouvelle est trop courte et la chute n'en est pas une ! Qu'est-il arrivé au chat ?

R : La mère l'a abandonné... à la SPA.

Q : Le lecteur doit le savoir. Pensez-vous avoir un élément déclencheur ?

R : Oui, l'annonce du déménagement !

Q : D'accord, cela doit donc déclencher une quête chez la fillette, quelle est cette quête ?

R : Ne pas déménager ou alors déménager mais avec son chat.

Q : Il faut choisir et construire la nouvelle sur cette base. Essayons d'imaginer qu'elle refuse de déménager et dites-moi ce qu'elle peut faire en une nuit pour contrecarrer ce projet d'adultes.

R : C'est dur... Elle peut fuguer... Elle peut mettre le feu à l'appartement... Elle peut jeter les passeports dans les toilettes... Je crois que je préfère qu'elle se batte pour garder son chat !

Q : D'accord, il faut donc que la quête démarre au plus vite.

R : Oui, la mère va le lui annoncer au début.

Q : Il faut aussi rajouter des obstacles.

R : Ils n'ont pas pris de billet d'avion pour le chat ! Cela coûte 50 euros ! Robert ne veut pas de cet animal ! De toute façon, il faut un passeport pour l'animal à la douane.

Q : Votre personnage principal, la fillette, doit avoir une vraie problématique déjà avant le début de la nouvelle.

R : Son papa est mort... elle se croit coupable.

Q : Avez-vous une idée de la fin possible ?

R : Pas vraiment. Ah ! si, je crois avoir trouvé.

Alors si l'inspiration est là... Mettez-vous au clavier !

Deuxième jet de la nouvelle d'Hélène

Comme chaque jour, Deborah rentre de l'école en courant, non pas pour voir son émission préférée à la télévision ou pour se régaler de son goûter, mais juste pour prendre son petit chat Bouboule sur ses genoux et le caresser jusqu'à ce qu'il ronronne de plaisir. Mais aujourd'hui, lorsqu'elle pousse la porte d'entrée de l'appartement vers 17 heures, elle découvre avec surprise que sa mère est déjà là. Elle n'est pas seule, il y a cette espèce de grand abruti de Robert que la fillette déteste parce qu'il lui parle comme à un bébé de 2 ans alors qu'elle vient d'en avoir 8. Robert voudrait que Deborah l'appelle « papa », il sent fort la cigarette comme un cendrier et en plus il pique avec sa barbe mal rasée. Son vrai papa à elle, il sentait bon l'eau de Cologne. Mais il a été tué en voulant éviter un hérisson : la petite fille qui était derrière accoudée entre les deux sièges de devant avait hurlé « papa, le hérisson ! », il avait donné un coup de volant et l'auto s'était emplafonnée dans le poids lourd qui venait en face.

Assise sur le canapé à côté de Robert, sa mère lui dit qu'elle a une bonne nouvelle, ils vont partir très loin tous les trois, au bout du monde, Robert va s'occuper du chantier de construction d'un grand hôtel à Bali. Ils lui montrent les photos de la plage et de la nouvelle maison. Deborah a peur, elle ne veut pas changer d'école, elle ne veut pas perdre ses copines. Alors elle prend son chat dans les bras et le serre fort contre son cœur au point qu'il miaule et cherche à se dégager.

Robert ne manque pas de dire :

– Tu vois, je te disais bien qu'il est méchant ce matou, il m'a déjà griffé plusieurs fois !

– C'est toi le méchant, hurle Deborah, et puis ici c'est pas ta maison ! Et...

Elle n'a pas le temps de finir, sa mère vient de lui administrer une gifle et de lui ordonner de filer dans sa chambre en concluant :

– Demain à la première heure, je l'emmènerai à la SPA !

Deborah pleure, crie, se débat, non elle ne veut pas partir, non elle veut rester avec son chat.

– C'est comme ça, tu es ma fille et tu me suis, réplique la mère.

Mais la petite fille ne peut plus respirer et devient bleue. On appelle les pompiers, elle respire dans un masque, le médecin discute longuement avec la mère qui parle de l'accident et du hérisson. Il dit qu'une deuxième séparation pourrait coûter plus cher en psy qu'un billet d'avion pour le chat.

La maison retrouve son calme vers 18 h 30. La mère téléphone à l'aéroport, « 50 euros », se répète-t-elle plusieurs fois, « un sac spécial, oui je dois pouvoir en trouver un au centre commercial », « comment ça son passeport, bien sûr ? »...

– C'est mort, dit-elle en regardant Robert, il faut un passeport pour le chat aussi ! Soit on reporte le voyage, soit on laisse le chat ! Tu comprends, dit-elle en regardant sa fille, ce n'est pas ma faute !

– J'ai peut-être une solution, dit Robert en prenant son téléphone, j'ai un collègue dont la femme est véto.

En moins de 1 heure, tous les quatre sont en route vers le cabinet vétérinaire, Deborah retrouve peu à peu ses couleurs, mais un nouvel obstacle s'interpose... le certificat de bonne santé doit avoir plus d'une semaine. Les larmes se mettent à couler sur les joues de la petite fille et la vétérinaire accepte de tricher.

C'est un bruit bizarre de meubles que l'on traîne au sol et de conversations courtes qui vont la réveiller le lendemain.

– Vas-y ! Doucement ! Ohhh ! Pousse à droite ! C'est ça !

Quand elle se lève, elle découvre avec stupeur que le salon est bondé de cartons.

Elle court à la cuisine pour verser le lait dans la coupelle de Bouboule comme tous les matins. Mais le chat n'est pas là !
– Il s'est sauvé, lui dit la mère, ou alors les déménageurs l'ont enfermé dans un carton, ils vont tous les rouvrir, mais s'il n'est pas là dans une heure, nous partirons sans lui ! J'ai prévenu les voisins, Mme Dupert nous l'enverra, je te le promets.

Comme pour donner le change, la mère a attendu 1 heure 30 minutes, le chat n'est pas revenu, le camion est parti au garde-meubles, Deborah a laissé la coupelle sur le rebord de la fenêtre.

C'est un collègue de Robert qui conduit l'auto jusqu'au parking de Roissy. En ouvrant le coffre pour sortir les bagages, Deborah aperçoit le petit sac tout neuf acheté en hâte la veille au soir et éclate en sanglots. C'est à ce moment qu'elle voit les yeux verts de Bouboule qui la regardent au travers du filet... Il avait passé la nuit dans le sac, prêt à partir !

EXERCICE 71

CONSTRUISEZ VOTRE NOUVELLE

 2 heures

Aujourd'hui, nous allons bâtir une nouvelle, à partir d'une phrase obligée que voici.

« Au centre de la clairière, leurs pas les conduisirent vers une magnifique chapelle dont la porte en bois était ouverte... »

Pour une meilleure compréhension, je vous propose un exemple, mais je vous invite à compléter le plan et à répondre aux questions de votre côté.

Décidons du cadre :

– Quand (époque) : *maintenant*
– Saison : *automne*
– Moment de la journée : *crépuscule*
– Où, pays : *France*
– Région : *les Landes*
– Qui : *un jeune garçon*
– Établissons une fiche : *12-13 ans, blond, yeux verts, dodu*
– Prénom : *Pascal*
– Signes particuliers : *frisé comme un agneau, taches de rousseur et appareil dentaire*
– Occupation : *au collège, en 6e, a redoublé*
– Point faible : *regarde les filles*
– Qualité : *courageux et rusé*
– Défaut : *rêveur*

Que fait-il ?

Il a rendez-vous à la tombée de la nuit à la chapelle.

Pourquoi est-il là ?

Parce qu'il se rend fermer la chapelle, c'est lui qui a les clés.

Quelle est sa quête ?

Pascal souffre du mépris de l'entourage familial, il veut organiser un événement pour faire croire à sa disparition et faire parler de lui en laissant penser qu'il est mort ou qu'il a été enlevé.

Personnage secondaire :

La petite copine : Yasmina, petite Arabe, 11 ans, brune aux cheveux longs, milieu défavorisé.

Quel est le lien entre les deux personnages ?

Ils sont dans la même classe, assis à la même table et habitent la même HLM.

Pourquoi est-elle là ?

Pascal lui a promis de lui montrer des biches qui passent là tous les soirs, elle lui apporte des nouvelles et du ravitaillement.

Élément déclencheur

Des voleurs qui arrivent en voiture à l'église pour y cacher leur butin.

Conséquence narrative : il va falloir « planter » le vol (où, quand, comment).

La chute

Elle va les faire tomber dans la crypte désaffectée.

Conséquence narrative : parler de cette crypte au début, Pascal lui dira de faire attention de ne pas y tomber.

Synopsis

Les voleurs arrivent en voiture à l'église pour y cacher leur butin et là ils découvrent l'enfant.

La fillette arrive, voit l'auto et s'aperçoit qu'ils sont armés. Elle n'a pas de portable et doit agir vite.

Elle leur prend leur magot, elle récupère une bâche dans leur voiture, la tire sur l'entrée de la crypte, la recouvre de feuilles mortes, et jette un caillou sur un vitrail avant de se placer de l'autre côté du piège.

Deux gangsters sortent en courant et tombent, le troisième accourt et Pascal le pousse à son tour.

Les enfants deviennent des héros, les voleurs seront punis.

Écrivez le pitch de cette nouvelle :

Par exemple : Deux enfants curieux tombent dans le repaire de bandits prêts à tout.

Résumé : les premières nouvelles

Apprenons à écrire des nouvelles pour nous roder à la construction de l'intrigue avant même de nous lancer dans l'écriture d'un roman.

Conseil de la neuvième semaine

« Un de mes amis à qui je demandais un conseil pour écrire m'a répondu :
« Devenir écrivain, c'est trouver sa voix, avec un x. » Il voulait me faire comprendre qu'il fallait me préparer à de très nombreuses vocalises avant de pouvoir monter sur la scène avec les grands. Trouver le ton juste pour raconter une scène est ce qui est le plus délicat. »

FÉLICITATIONS !

J e suis écrivain.

Bernard Pivot, à qui j'ai demandé la définition d'un bon livre, assure que « tout est question de cohérence entre le style, le ton et l'histoire ».

Et ce n'est pas facile, mais :
On n'apprend pas à faire du vélo sans tomber.
On n'apprend pas à nager sans boire la tasse.
On n'apprend pas à devenir romancier sans quelques refus d'éditeurs.

Après tous ces exercices, vous voilà prêt à commencer votre roman. Vous avez subi un entraînement comme un sportif, votre écriture est débloquée et vous avez préparé des provisions d'anecdotes à raconter en glanant de-ci de-là des faits-divers dans les journaux. Vous êtes prêt !

LA CHARTE D'ÉCRITURE

Règle d'or

Si vous écrivez pour être lu, vous serez publié.

Respectez les désirs de votre lecteur, c'est lui qui fera que l'intrigue deviendra un livre ; les premiers lecteurs sont ceux des comités de lecture, dont le métier est de lire beaucoup, certains rêvent de devenir eux-mêmes écrivains et sont très durs avec les manuscrits qu'on leur remet.

10 règles d'écriture de A à J

Accrochez l'attention du lecteur, intéressez-le, donnez-lui des émotions et l'envie de tourner la page, d'aller jusqu'au bout du livre, ne relâchez pas le rythme.

Bichonnez et fignolez les détails, ne bâclez pas ce qui semble être secondaire.

Captez votre lecteur, intriguez-le, suscitez en lui le besoin de se documenter plus sur le sujet.

Décorez vos descriptions. Imaginez… les trois coups au théâtre… le rideau va s'ouvrir. On attend des décors, des costumes, des couleurs, des musiques, des personnages en trois dimensions.

Émerveillez votre lecteur, séduisez-le, époustouflez-le, racontez-lui ce qu'on ne lui a jamais raconté ou d'une façon qu'il ne connaît pas encore, emmenez-le en voyage.

Fidélisez votre lecteur. Un livre est un produit commercial, un premier ouvrage doit donner envie de lire encore cet auteur parce que ce livre est sensationnel ou que l'on a passé un bon moment à le découvrir. Il est très important de penser à envisager une possibilité de suite, soit avec un héros qui aura toute une collection d'aventures, soit avec un personnage sympathique qui évolue dans le temps, soit avec de nouveaux personnages bien plantés dans la première histoire qu'on va avoir plaisir à retrouver pour d'autres péripéties.

Gardez le cap, ne perdez pas le fil de ce que vous voulez dire ou démontrer.

Habillez votre histoire de vérité, soyez humble, ce que vous ne savez pas sur un lieu réel, ne l'inventez pas, cherchez-le, la véracité des détails, c'est ce qui fera qu'on va croire à votre histoire.

Inventez, imaginez, créez tout ce que vous voulez comme situations et événements.

Jouez, faites-vous plaisir ; écrire c'est avant tout une occupation, alors amusez-vous à créer des personnages, jouez à la poupée ou aux petits soldats avec eux, lâchez-vous, exagérez les situations, tout est permis, votre livre c'est votre monde à vous.

LE RÉSUMÉ EN UNE PAGE

Vous pensiez avoir terminé, il vous faut faire un résumé en une page pour tester la densité de votre histoire ; il vous servira aussi à accompagner votre manuscrit chez les éditeurs.

LA PUBLICATION

La vraie consécration de votre roman passe par la publication et le partage avec les autres. L'édition peut être traditionnelle, sur papier, ou virtuelle sur Internet.

Mais que faire pour être publié ?

- Écrire une bonne histoire.
- Présenter votre manuscrit dans les formes d'usage.
- L'adresser à un éditeur dont la politique éditoriale est cohérente avec votre sujet.
- Persévérer, ne pas perdre courage à chaque refus.

LA NOTE D'INTENTION

C'est la lettre de l'auteur qui accompagne le manuscrit et va donner envie de le lire. Elle présente le parti pris par l'auteur sur son thème et son sujet en expliquant pourquoi vous avez choisi ce sujet et quels événements ou faits-divers vous ont inspiré.

LA PRÉSENTATION DU MANUSCRIT

Pour être envoyé chez un éditeur, le manuscrit doit répondre à certaines règles.

Le texte est présenté sur du papier au format A4 (21 × 29,7 cm). Chaque feuillet ou page comporte 1 500 signes présentés en 25 lignes de 60 signes espaces compris, ce qui correspond à un double interligne avec des marges confortables.

Les feuilles ne doivent être imprimées que sur une seule face, elles sont numérotées et commencent par une page de couverture avec le titre, le nom et les coordonnées de l'auteur (adresse, mail et téléphone).

Et surtout, n'expédiez rien sans en garder une copie.

LA CORRECTION DU MANUSCRIT

Dès que les pages sont imprimées et corrigées, l'auteur éprouve une pulsion à la précipitation, d'un seul coup, après des mois et des mois d'écriture, il n'a qu'une hâte : expédier ce manuscrit au plus vite.

Si vous mettiez en vente votre voiture, vous la laveriez à fond, vous poliriez la carrosserie, vous aspireriez la poussière

dans les coins ; alors prenez le temps de fignoler, de peaufiner, de traquer les fautes avant de mettre votre œuvre entre
les mains de ces dévoreurs de textes que sont les comités
de lecture, qui peuvent décider de la non-valeur de votre
manuscrit pour des raisons que vous ne connaîtrez jamais.
Respectez-les, chassez les fautes d'orthographe, corrigez les
accords grammaticaux, ne vous réfugiez pas derrière le fait
que votre manuscrit passera entre les mains des correcteurs
avant l'impression… Encore faut-il qu'il y arrive !

Débroussaillez votre texte de ses ronces pour rendre la
progression de sa lecture plus agréable. Donnez de l'air à vos
phrases, espacez vos paragraphes, n'étouffez pas le lecteur, utilisez impérativement le double interlignage, tant pis si cela
double l'épaisseur de votre maquette et vous coûte plus cher
à envoyer. Ajoutez les informations autour des événements
de la progression de votre récit, après vous être posé les uni-
verselles questions : qui, quoi, où, quand, comment, combien,
pourquoi ? Écrémez votre texte de toutes les informations
superflues qui n'apportent rien à l'histoire et qui risquent
d'ennuyer le lecteur.

Partez à la chasse aux erreurs, toute incohérence briserait la
confiance que vous accorde votre lecteur.

**Sur l'ensemble d'un livre, vous abordez des points dont
certains de vos lecteurs sont spécialistes ;** aussi vérifiez tout
ce que vous avancez dont vous n'êtes pas absolument certain.
Ne laissez rien au hasard, ne jouez pas avec l'incertitude, vérifiez tout ce que vous dites sur les lieux, appuyez les théories
exposées par des exemples. Ne mentez jamais, n'inventez pas
des choses qui saboteraient votre histoire. Si vous ne connaissez pas un lieu où doit se dérouler votre histoire, changez de
lieu ou documentez-vous, il existe de nombreux livres ou DVD
touristiques qui vous renseigneront. De même pour certaines
professions, n'hésitez pas à questionner une infirmière ou un
prêtre si vous utilisez ces personnages. Les vraies informations font de solides fondations. **Une ambiance « véritable »**

donnera toujours de la crédibilité à une histoire extravagante ; si le lecteur est persuadé que les descriptions, les lieux sont authentiques, il sera convaincu que l'histoire racontée est vraie elle aussi. Alors soignez les descriptions et vérifiez les informations, les dates, l'actualité de l'époque de votre fiction comme le ferait un journaliste pour un article.

LA RELECTURE

Écrire, c'est beaucoup de travail et lorsqu'on aperçoit la ligne d'arrivée, on est encore loin d'avoir terminé, il est temps de relire encore et encore. Vous avez fini et vous êtes prêt à relire. Stop. Vous connaissez trop votre histoire, vous aimez vos personnages, vous n'aurez pas l'esprit critique nécessaire.

Trois solutions s'offrent à vous : vous et encore vous, des lecteurs amis ou inconnus et enfin des correcteurs pour qui c'est un vrai métier. L'auteur n'est pas le mieux placé pour cette tâche à moins de patienter pour avoir suffisamment de recul, au risque d'attendre plusieurs mois avant de se relire lui-même. Questions embarrassantes, jalousies, querelles risquent d'être soulevées si vous mettez votre histoire et vos personnages entre les mains de vos amis ou votre famille.

Avant la lecture, passez votre texte encore une fois au correcteur d'orthographe et prenez un dictionnaire à vos côtés ; à chaque doute vous vérifierez sans plus attendre. Remplacez les mots incertains par d'autres plus précis. Vous ferez de même pour la ponctuation que vous corrigerez soigneusement.

Isolez-vous. Choisissez un endroit dans le calme et le silence ; fixez-vous un objectif de relecture, par exemple, la compréhension du texte, et améliorez systématiquement les mots, les expressions, pour rendre l'écriture conforme à ce que vous voulez dire. Si la compréhension d'une explication vous semble légère, stoppez la lecture immédiatement, reprenez le texte complètement en donnant des éléments plus précis, si vous, l'auteur, avez du mal à suivre, imaginez ce qui va se passer pour votre lecteur ! Puis reprenez votre lecture deux pages en amont. Procédez à l'épuration* en coupant les paragraphes trop longs ou en supprimant les phrases ennuyeuses.

Il est impératif de relire plusieurs fois votre manuscrit en respectant un temps de pause de plusieurs semaines entre chaque lecture. Laissez votre manuscrit dormir un peu avant de le relire vous-même ; vous connaissez trop votre histoire pour prendre du recul. C'est pourquoi **la lecture avec une thématique** fixera votre esprit sur un angle particulier ; les thématiques sont :

- **la focalisation sur un personnage** en utilisant l'item « recherche » de votre traitement de texte avec le prénom d'un de vos personnages ; ainsi vous lirez seulement ce qui le concerne et cela vous permettra de vérifier la cohérence de son cheminement dans l'histoire sans être parasité par le reste ;
- **la pertinence par rapport au thème central** ; les dialogues, les actes, les comportements sont-ils cohérents avec le thème de l'histoire ? Sont-ils utiles ? Sinon, supprimez-les sans hésiter ;
- **la recherche d'incohérences sur les lieux,** le temps, les personnages qui auraient pu être évitées grâce à l'utilisation des fiches ;
- **la recherche d'invraisemblances** qui auraient pu être évitées avec une bonne documentation ;
- **la répétition d'informations identiques** ; faites la chasse aux redondances ;
- **la concordance des temps** ;
- **la progression crescendo de l'intrigue,** résolue en utilisant un plan ;

- **la richesse du sous-texte,** l'enrichissement (ou la suppression) de répliques par des émotions montrées par des attitudes ;
- **le lien entre scènes** que l'on peut augmenter en « plantant » des renseignements en amont.

Il est temps d'imprimer votre texte pour le voir différemment, et ne cherchez pas à économiser du papier en utilisant un petit corps de police d'écriture. La lecture doit se faire aisément, le corps 12 assure un bon confort. La deuxième relecture se fera en essayant de la tronçonner le moins possible. Donc organisez- vous pour avoir le temps nécessaire.

Relire son ouvrage est fastidieux parce qu'on connaît certains passages presque par cœur et les yeux sautent les lignes qu'ils connaissent déjà trop.

Alors changez de système : lisez à haute voix, vous verrez comme votre texte prendra soudain une tout autre dimension. Les répétitions vont vous sauter au visage, les lourdeurs de style aussi. Prenez des pauses régulières au cours desquelles vous mettez immédiatement à jour vos retouches et vos corrections, qui pourraient devenir illisibles si vous attendez un jour ou deux. Puis reprenez votre lecture avec la satisfaction d'avoir fait du bon travail.

Entourez d'un cercle ou surlignez avec une couleur particulière, et toujours la même, les mots répétés ou les expressions à remplacer plus tard.

À l'opposé, n'hésitez pas à répéter les choses un peu complexes, par exemple en utilisant le dialogue de deux personnages qui eux-mêmes auraient du mal à comprendre et se demanderaient des informations complémentaires.

Faites des pauses régulières mais courtes. Alternez la lecture mentale et la lecture à haute voix. Les séances de lecture ne doivent pas dépasser deux heures d'affilée pour éviter que l'attention ne se relâche et que la lecture ne devienne inutile.

Entre chaque séance de lecture, faites une activité de décontraction de l'attention comme une tâche répétitive, repassage, jardinage, cuisine, jogging. Le repos intellectuel va organiser et structurer ce que vous venez de lire.

Lisez activement. Au cours de la relecture, soulignez les éléments clés qui servent d'articulation à votre histoire, les étapes indispensables à la compréhension du reste de l'histoire. Ne corrigez pas le fichier initial, faites une copie qui portera le numéro et la date de la lecture.

Si vous constatez que les noms de certains personnages semblent passer inaperçus alors qu'ils seront importants plus loin dans l'histoire, arrangez-vous pour les répéter eux aussi.

Lors de la relecture, listez sur une feuille les indices et barrez-les lorsqu'ils sont utilisés ensuite dans l'intrigue.
Si certains points n'ont pas été exploités, reprenez-les enfin dans la conclusion pour éviter d'avoir des points restés en suspens qui frustreraient le lecteur qui, lui, a sûrement imaginé une suite possible.

Vous pensiez avoir terminé, relisez encore et passez tout au crible des « pourquoi ». Chaque fois qu'un de vos personnages agit ou prend une décision, posez-vous la question : « Est-ce que j'ai expliqué pourquoi ? Est-ce que cela semble logique ? » Sinon, revenez en arrière et complétez pour être le plus concret et le plus vrai possible.

Dans l'existence, toute cause a un effet et réciproquement. Chaque problème soulevé au cours de votre histoire doit être résolu avant la fin qui est une situation de retour à l'équilibre.

Si vous décidez d'ôter du texte, stockez-le dans un fichier à part appelé « stock » et donnez un titre à ce morceau de texte.

À qui faire relire votre manuscrit ?
Choisir un premier lecteur est chose délicate. On n'accouche pas avec ses copines, on se rend dans un lieu spécialisé. Évitez

de donner votre « bébé » à lire à des personnes trop proches de vous (amis, famille) ; vous éviterez ainsi de vous exposer à certaines critiques acerbes qui pourraient vous blesser, ou au contraire à une absence de critique de convenance qui vous sera inutile.

Contactez par annonce un lecteur de bibliothèque qui sera ravi de vous lire et de vous aider à améliorer votre manuscrit. Il ne vous en coûtera pas grand-chose, vous pourrez le citer comme le font les auteurs américains sur leur page de remerciements, et votre lecteur sera aux anges de retrouver son nom dans un livre. Mais avant de soumettre votre manuscrit, soyez sûr d'être capable d'encaisser les critiques. Le moment venu, retenez uniquement les remarques constructives et surtout n'en faites pas une affaire personnelle ; les doigts pointés ne concernent que votre histoire et sans l'aide d'une personne extérieure vous laisseriez peut-être passer des erreurs. Vous devez avoir le courage de proposer la lecture à un spécialiste du sujet traité, plus il connaîtra de choses que vous risquez d'ignorer plus sa contribution vous sera utile pour compléter votre histoire. Qui que soit le lecteur, demandez-lui de ne pas faire de suggestion sur les possibilités de déroulement de l'histoire.

Demandez à votre lecteur de répondre à ce questionnaire.

Après une complète lecture du manuscrit, répondez spontanément à ces questions :

Questionnaire de lecture

	oui	non
– C'est l'histoire de qui ? (5 mots maxi)		
– Pouvez-vous décrire le protagoniste ?		
– Connaît-on ses origines ?		
– L'objectif du personnage est-il clair ?		
– Est-ce qu'il évolue ?		

	oui	non
– Le méchant vous fait-il peur ?		
– Ce qui arrive aux personnages vous intéresse-t-il ?		
– Leurs problèmes sont-ils crédibles ?		
– A-t-on envie d'en savoir plus ?		
– L'histoire est-elle originale ?		
– La fin vous plaît-elle ?		
– Aimez-vous le titre ?		
– Devine-t-on ce qui va arriver ?		
– Est-ce qu'on s'ennuie ?		
– Y a-t-il des deus ex machina ?		
– L'opinion de l'auteur est-elle pesante ?		
– Y a-t-il trop de dialogues ?		
– Le style et le vocabulaire vous plaisent-ils ?		

Accueillez avec prudence les avis des autres. Les compliments font plaisir mais ne sont d'aucune aide. Les critiques permettent toujours d'améliorer l'histoire, à condition d'être pertinentes, c'est-à-dire d'être étayée chacune avec les raisons de l'appréciation. **Soyez prudent et prenez systématiquement un deuxième avis avant correction.** Gardez courage face aux critiques, ne vous laissez pas démoraliser. **L'écriture reste un plaisir, ne corrigez pas si cela vous déplaît.**

Un éditeur lit en fonction de sa politique éditoriale, un agent littéraire lit en fonction du potentiel de vente, un autre écrivain ne sera jamais objectif, car il peut critiquer pour deux raisons opposées, soit parce qu'il n'aime pas, soit parce qu'il aime et jalouse votre écriture. Tournez-vous vers des groupes de lecture critique sur Internet qui vous apporteront des critiques constructives, sans sabotage.

LA PROTECTION DE VOTRE TEXTE

Au terme de tant d'efforts, et avant d'envoyer votre manuscrit, n'oubliez pas de protéger vos droits d'auteur. Il est très courant que des manuscrits soient volés, retravaillés a minima et envoyés aux maisons d'édition sous un autre pseudo. Il existe plusieurs procédures légales visant à « conserver des preuves matérielles de l'antériorité de la marque, de la création ou des modèles » : enregistrement des dates de création par voie d'huissier, conservation des documents datés liés à l'objet à protéger (factures, extraits de presse, correspondance commerciale, etc.). **Le dépôt protège vos droits sur le texte.** Il permet d'avoir la date précise de la création de l'œuvre. Les dépôts les plus utilisés sont :

1. Le dépôt auprès d'une société d'auteur (Société des compositeurs et des auteurs multimédias, Société des auteurs et compositeurs dramatiques, Société nationale des auteurs-compositeurs). Aucune société d'auteurs n'est investie d'un pouvoir d'apporter une « preuve certaine » au même titre qu'un officier ministériel (huissier ou notaire). C'est en fait un service que rendent les sociétés d'auteurs à leurs membres. Mais sur un plan juridique, il s'agit d'une preuve simple, tout aussi contestable en cas de litige devant un juge que toute autre.

L'intérêt de ces dépôts réside en ce que l'on peut déposer des documents parfois volumineux. En cas de dépôt d'œuvres de collaboration, il convient de bien mentionner tous les auteurs, et de préciser que le manuscrit ne pourra être retiré que par une démarche conjointe des coauteurs, ceci afin d'éviter que l'un d'entre eux ne retire seul le dépôt et supprime ainsi la preuve de la collaboration.

2. Dépôt auprès d'un notaire ou huissier. Ce mode de dépôt est possible, mais il a l'inconvénient d'être onéreux.

3. L'envoi à soi-même d'un courrier recommandé cacheté. Il s'agit d'envoyer à des personnes de confiance et/ou à soi-même par la poste et en objet recommandé un exemplaire de l'œuvre créée. Il convient à sa réception de ne pas ouvrir l'enveloppe. En cas de contestation de paternité (c'est-à-dire, dans la plupart des cas, d'antériorité de preuve), on fera ouvrir l'enveloppe restée inviolée devant un huissier. La date de la poste faisant foi, sauf à prouver une complicité avec un agent des postes, cette preuve valide la date.

4. Le système de l'enveloppe Soleau. Fondé sur le décret du 10 mars 1914, ce mode de dépôt avait pour but d'enregistrer la date de création de dessins et modèles, selon la loi du 14 juillet 1909 et l'arrêté du 9 mai 1986. Très rapidement, les inventeurs l'ont utilisé pour prouver la date de conception de leur invention en attendant sa mise au point suffisante pour permettre le dépôt d'un brevet. L'enveloppe Soleau est envoyée par poste à l'Institut national de la propriété industrielle (INPI). C'est un procédé pratique, peu onéreux et qui a l'avantage d'offrir une garantie étatique au dépôt, dans la mesure où il consiste en un dépôt géré par l'INPI.

L'enveloppe Soleau ne doit pas dépasser 5 mm d'épaisseur ; on ne peut introduire dans chacun des deux compartiments qu'un maximum de 7 feuilles au format A4. Vous y glisserez le résumé, le synopsis, les deux premières et les deux dernières pages.

5. La pièce jointe en mail. Peu à peu, les tribunaux acceptent les preuves informatiques ; il est évident qu'elles donneront du poids à votre courrier recommandé et cela ne vous coûte rien. Envoyez-vous un mail à vous-même avec votre manuscrit en pièce jointe.

POURQUOI ÉCRIRE ?

Vous voici équipé d'outils, prêt à passer à l'action d'écriture.

Peut-être est-il enfin temps de vous poser la question de votre motivation. Une cause est à l'origine de votre démarche, un besoin ou un désir… Cela vous rappelle-t-il quelque chose ? Le personnage principal au début de l'histoire éprouve un besoin ou un désir… vous aussi, quel est-il ?

Celui de mettre votre nom sur un livre ? Celui de passer à la postérité ? Celui d'épater votre famille ? Celui de gagner de l'argent avec un best-seller ? Celui d'avouer un secret ? Celui de relever un défi familial ? De faire mieux que vos parents ? De faire plaisir à quelqu'un que vous aimez ?…

Orgueil, ambition, réalisation, épanouissement, vanité, courage, défi, gloire, succès, aveu, essayez de faire le point honnêtement sur votre démarche.

EXERCICE 72

L'INVENTAIRE DU GRENIER DE MA VIE

 30 min

Après une relaxation de 10 min, écrivez sur une feuille avec sincérité la cause principale de votre motivation, inscrivez toutes les raisons de votre désir, déballez même celles qui vous gênent.

Listez quatre à cinq raisons par rapport à votre enfance, votre profession ou votre famille qui ont occasionné cette motivation.

Est-ce que cela vous semble cohérent ? Sinon, reposez-vous la question avant de vous endormir ce soir et vous aurez la réponse sur vos pages de réveil.

EXERCICE 73

LA RÉHABILITATION

⏳ 30 min

Maintenant que vous avez vidé votre grenier, la place est faite pour y installer votre « nouveau bureau ».

Dans toute histoire, le personnage principal doit terminer sa quête, autrement dit, il doit changer d'objectif, c'est-à-dire qu'il doit en avoir terminé avec son besoin initial pour passer à un autre désir. Le personnage nous semble se débattre tout au long de l'histoire, courir dans tous les sens, agir à tout va, et pourtant il n'avance pas par rapport à son problème de départ, son dynamisme n'est qu'apparence, car sa position psychologique reste statique. Cependant, quand il change psychologiquement parce qu'il change de valeurs, toute l'histoire peut se terminer en paix et sa vie retrouve un nouvel équilibre… jusqu'à la prochaine histoire.

Ce que je veux vous faire comprendre, c'est que cette fausse apparence de dynamisme cache une profonde statique des valeurs fondamentales du personnage, comme un entêtement à en finir avec un problème qui ne se solutionnera vraiment que lorsque le personnage passera sincèrement à autre chose.

Pour ce qui concerne votre désir d'écriture, c'est la même chose, vous allez vous mettre à écrire lorsque vos valeurs à ce sujet auront changé.

Pensez-vous que les écrivains avaient une muse ou un don divin ?

Pensez-vous qu'un livre s'écrivait du premier au dernier mot, page 2 après page 1 ?

Pensez-vous qu'il fallait absolument un cadavre pour faire un bon roman ?

Pensiez-vous que l'opinion de votre conjoint était décisive ?

Pensiez-vous qu'il y avait un secret bien gardé par les écrivains ?

L'écriture d'une histoire est le récit des péripéties d'un personnage qui veut se sortir d'un problème.

Une bonne histoire raconte le changement du personnage. Ce dernier doit évoluer d'un besoin initial vers un besoin final différent, donc changer de valeurs.

Vous aviez besoin de techniques d'écriture, d'encouragements, de soutien, j'espère avoir répondu à votre attente.

Retournez à la page 21 à la question : « Pourquoi ai-je le désir d'écrire ? » Relisez ce que vous aviez répondu.

Avez-vous envie de changer de valeurs ?

Êtes-vous prêt à évoluer ? Écrire est à la portée de tous, il suffit d'organiser le contexte pour qu'il devienne favorable ; inventer une histoire répond juste à une mécanique de choses possibles qui semblent impossibles.

Qu'attendez-vous pour que votre rêve devienne votre quotidien ?

Tout au long des exercices, vous avez appris à respecter votre écriture, à procéder par étapes, à accepter la difficulté en la contournant.

Si l'écriture devenait juste un bonheur… celui de vous organiser pour ce moment magique et de constater jour après jour que votre histoire progresse.

L'écrivain qui est en vous a-t-il ce désir ?

Dernier conseil

« Visualisez la destruction de vos blocages dans un grand feu de joie et imaginez-vous écrivain célèbre signant des dédicaces sous les flashes des photographes. »

———

QU'EST-CE QU'UN BON LIVRE ?

Dès la première page, on doit découvrir le personnage principal appelé « protagoniste ».

Sa vie va d'un seul coup être bouleversée par un événement déclencheur auquel il va devoir échapper. Pour cela il va viser un objectif, mener une quête animée par son désir et prendre des décisions pour s'en sortir.

La progression du personnage est ralentie par des obstacles matériels et des conflits externes avec les autres personnages ou internes avec lui-même.

Parmi les autres personnages on peut trouver des adversaires qui ralentissent l'avancée du héros ou des alliés qui l'aident. Le lecteur apprécie et s'intéresse au récit grâce au suspense, obtenu par l'ambiance des descriptions et l'incertitude du futur. Les personnages s'expriment à l'aide des dialogues.

Les problèmes s'accélèrent selon un crescendo dramatique jusqu'au point culminant, le climax où le personnage va avoir une révélation et prendre conscience de ses erreurs.

C'est alors qu'il change de valeur. L'histoire retrouve une nouvelle stabilité et peut se terminer.

Le lecteur est d'autant plus séduit que l'histoire lui révèle une leçon de vie, portée par une succession d'actions appelée « intrigue ».

PLAN DE TRAVAIL DE RÉALISATION DU MANUSCRIT

1- L'idée en quelques mots, les prémices.
2- Le thème, le sujet et votre point de vue.
3- Le personnage principal qui va porter votre histoire : ses besoins, ses désirs, sa motivation.
4- Le changement moral du protagoniste.
5- L'élément déclencheur.
6- Le choix d'une époque et la collecte d'informations : lieu, cartographie, contexte historique, coutumes, costumes…
7- Le choix d'un lieu social ou professionnel. Recherche de documentations.
8- Le déroulement de l'intrigue. Liste des crises et des pics de tension.
9- La création des conflits et des autres personnages. La liste générique des personnages, fiches, analyse relationnelle.
10- La création des obstacles.
11- L'intrigue secondaire. Établissement des parcours de chaque personnage : leurs histoires, leurs quêtes individuelles.
12- La décision de la fin de l'intrigue principale.
13- Le découpage du fil de l'histoire, canevas des scènes.
14- La création des décors : dessins, plans, cartes.
15- L'écriture, premier jet.
16- La relecture rapide.
17- La rédaction de l'argumentaire.
18- Le deuxième jet.
19- La lecture à froid.
20- Le troisième jet.

GLOSSAIRE

Action : permet l'avancement de l'intrigue par la mise en mouvement des personnages ; désigne également l'ensemble des événements ou des conflits que les personnages tentent de résoudre.

Adversaire : personnage s'opposant au protagoniste.

Allégorie : image ou parabole pour aider à synthétiser et comprendre une idée abstraite.

Ambiance : sentiment ou atmosphère d'une scène, apportés grâce aux descriptions, dialogues, introspections et actions, dans le but d'augmenter ou de calmer le suspense.

Arc : chemin de la transformation du personnage au cours de l'histoire ; sorte de parcours initiatique.

Besoin : nécessité vitale.

Chronologie du crime : schéma de travail, aide de plan qui fournit un résumé de la méthode selon laquelle le crime a été commis, par qui, le temps exact et le lieu, les témoins possibles.

Climax : point culminant de la tension de l'intrigue.

Cohérence : harmonie et absence de contradiction dans le déroulement de l'histoire du début du livre jusqu'à la résolution ; vérification croisée des informations obtenues par la mise en place de fiches de travail complétées au fil de l'écriture.

Conflit : opposition à la résolution heureuse de l'histoire ; déchirement entre bien et mal qui motive les actes des personnages principaux et les met en lutte.

Contraste : méthode d'écriture des descriptions et des dialogues pour construire le suspense en fournissant aux personnages des caractéristiques embarrassantes et opposées à la dynamique de l'histoire de façon à suggérer une tension dans l'esprit du lecteur.

Crescendo dramatique : suite de péripéties organisée en augmentant l'intensité du suspense vers le point culminant.

Crise : nœud dramatique, moment dangereux et inattendu, tension extrême, où l'ancienne stratégie ne convient plus ; un choix doit être fait ou une décision doit être prise.

Croquis de l'intrigue : document de travail décrivant brièvement les clés de l'intrigue, c'est-à-dire le but de l'histoire, la trame, la tension, le temps mort, les crises (point de non-retour, moment noir, climax), la résolution et les répercussions de la résolution.

Dénouement : résolution, aboutissement de l'intrigue, retour au calme.

Description : détails en profondeur concernant les personnages et les lieux qui permettent au lecteur de vivre et de plonger au cœur de l'émotion de l'histoire en utilisant ses cinq sens.

Désir : souhait, vœu non vital (par opposition au besoin).

Deus ex machina : événement qui arrive comme par enchantement pour aider le héros. *(À éviter en organisant en amont la possibilité de cet événement.)*

Diagramme des alibis : document de travail utilisé par l'auteur pour garder des faits à l'esprit durant le travail d'écriture, en ce qui concerne les suspects dans un roman policier.

Dialogue : phrases et mots parlés (à voix haute) ou pensés (monologue intérieur) par un personnage.

Dramatisation : façon de mettre en tension des situations graves et tragiques par l'utilisation de coups de théâtre, silences, gestes, interruptions, apartés.

Élément déclencheur : début de l'intrigue, incident qui perturbe l'équilibre et oblige un personnage à réagir en décidant d'un objectif pour s'en sortir ; cause du démarrage de la quête.

Embûche : obstacle à la dynamique de la quête.

Épilogue : conclusion de l'histoire après le dénouement.

Épuration : lors de la relecture, élimination des personnages ou descriptions inutiles à l'intrigue.

Évolution psychologique : changement du personnage principal par étapes successives du début à la fin de l'histoire avec une attention systématique pour coller à l'intrigue.

Fiche de personnage : mis à jour tout au long de l'écriture de l'histoire, ce document de travail stocke tous les détails d'un personnage, description physique, traits de personnalité, comportements, habitudes, formations, conflits internes et externes, occupations et faits-divers le concernant.

Fiction : œuvre imaginaire.

Fil conducteur : enchaînement d'événements qui donne un sens à l'intrigue vers l'objectif de la quête.

Flash-back : retour en arrière pour décrire un événement passé.

Frein : ce qui ralentit la dynamique des actions.

Garde-manger d'idées : toutes les idées qui ne trouvent pas leur place dans les documents de construction de l'histoire (fiches, résumés, calendriers, plans provisoires), mais que vous pourriez vouloir exploiter plus tard.

Genre : catégorie ou type de livre (romance, policier, biographie, science-fiction…).

Histoire : ensemble des événements réels ou fictifs relatés par le récit grâce à l'intrigue principale qui occupe la durée totale du livre (ou scénario) depuis le début jusqu'à la fin.

Intrigue : récit de l'histoire organisé selon une structure logique, souvent causale et chronologique, en liant circonstances et incidents par un enchaînement d'événements qui forment le nœud de l'action. L'intrigue est l'ensemble des péripéties ou des combinaisons imaginées par les personnages, qui vont permettre d'aboutir au dénouement.

Introspection : observation d'un personnage par lui-même sur son propre état mental ou émotionnel.

Log line **:** l'essentiel de l'histoire concentré en une phrase qui sert de refrain à toute l'intrigue.

Manuscrit : original d'un texte écrit pour être publié.

Métaphore : modification du sens commun d'un mot en l'utilisant dans l'histoire à une place inattendue pour augmenter la compréhension par analogie ; aide à symboliser la quête essentielle du héros.

Moment noir : instant de crise où le lecteur ne croit plus que l'avenir du personnage principal puisse être heureux parce que les obstacles apparaissent gigantesques. Personnage et lecteur sont convaincus que tout est alors impossible. Le moment noir vient à la fin du deuxième tiers de l'histoire, mais le lecteur le suppose depuis le début, pas à pas face aux conflits internes du protagoniste qui se trouve devant un choix qu'il n'avait pas à faire au début de l'histoire.

Morale : règle de conduite tirée d'une histoire ; leçon de vie.

Motivation : force qui conduit le personnage principal à poursuivre inlassablement une quête vers une issue satisfaisante ; ensemble des facteurs dynamiques qui orientent l'action du personnage vers son objectif.

Nœud dramatique : moment crucial d'un conflit entre les forces qui participent (ou s'opposent) à l'action principale.

Nouvelle : récit littéraire court avec un élément fantastique et une chute inattendue.

Objectif : cible, but.

Obstacle : difficulté, élément qui empêche la facilité de la progression de la quête.

Péripétie : incident, événement imprévu.

Personnage : être, humain ou non, décrit dans une histoire.

Planning calendaire : utilisé pour conserver les faits tout en travaillant, c'est le document daté qui aide à garder la trace des grands événements chronologiques de votre histoire.

Point de non-retour : moment où il n'est plus possible de faire machine arrière, car l'action est trop engagée.

Prémices : commencement.

Présage : méthode pour construire l'action et le suspense en évoquant une crainte de ce qui pourrait arriver.

Prise de décision : choix du héros après une crise.

Problématique : art de poser le problème.

Protagoniste : personnage principal d'une intrigue.

Quête : parcours obstiné du protagoniste qui cherche une issue, ce fil conducteur mène l'intrigue depuis le début jusqu'à la fin. Chaque sous-intrigue, chaque personnage, est impliqué dans la réalisation de cette quête vers l'objectif de l'histoire.

Quiproquo : situation qui résulte d'une méprise.

Rebondissement : orientation nouvelle inattendue.

Récit : façon de raconter l'histoire.

Résolution : prise de décision du personnage solutionnant le problème ; conclusion logique de la trame de l'intrigue.

Révélation : prise de conscience du personnage de l'attitude à adopter pour être libéré.

Roman : œuvre littéraire imaginaire.

Scénario : récit d'une histoire découpé scène par scène en vue de réaliser un film.

Scène : partie de l'intrigue qui traite de la totalité d'une action, comme une petite histoire en soi.

Schéma de synthèse : résumé des grandes lignes, votre première tentative pour définir les bases de ce qui se passe dans l'histoire, d'une scène à l'autre.

Séquence : passage qui forme une unité sur le plan du temps, du lieu, de l'action et des personnages.

Situation : état des relations entre les personnages à un moment donné de l'action.

Sujet : aspect particulier, angle abordé dans un thème donné.

Suspense : sensation d'incertitude et d'attente angoissée ressentie par le lecteur.

Synopsis : présentation courte du sujet d'un film.

Temps mort : moment vers la fin du milieu de l'histoire où le personnage principal arrête d'agir, réfléchit, évalue la difficulté de sa quête, revoit sa stratégie.

Tension : suspense.

Thème : idée dominante, réflexion développée tout au long de l'histoire.

BIBLIOGRAPHIE

- Jean-Michel Adam, *Le Récit*, coll. « Que sais-je ? », PUF, n° 2149, 1984.
- Jean-Michel Adam, « Quels types de textes ? », *Le Français dans le monde*, n° 192, 1985, p. 39-44.
- Barthes, Kayser, Booth et Hamon, *Poétique du récit*, coll. « Points Essais », n° 78, Seuil, 2017.
- Émile Benveniste, *Problèmes de linguistique générale*, 1, coll. « Tel », Gallimard, 1966.
- Christian Biegalski, *Scénarios : modes d'emploi*, Synopsis, 2003.
- Julia Cameron, *Libérez votre créativité*, Dangles, 1999.
- Ducrot et Todorov, *Dictionnaire encyclopédique des sciences du langage*, coll. « Points », Seuil, 1972.
- Jean Flori, *La Chevalerie en France au Moyen Âge*, coll. « Que sais-je ? », n° 972, PUF, 1995.
- Gérard Genette, *Figures I, II et III*, coll. « Points », Seuil, 1972. Voir en particulier *Figures II*, les chapitres de « Discours du récit, essai de méthode », p. 65.
- Vladimir Propp, *Morphologie du conte*, coll. « Points », Seuil, 1928.
- Philippe Kerforne, *La Pratique des rêves lucides*, Axiome, 1999.
- Yves Reuter, *La Description. Des théories à l'enseignement-apprentissage*, ESF Éditeur, 2000.
- Tzvetan Todorov, *Poétique (Qu'est-ce que le structuralisme ?)*, coll. « Points », Seuil, 1973.
- John Truby, *The Anatomy of Story*, Faber and Faber, 2007.
- Revue *Communications*, n° 8, réédité en coll. « Points », Seuil.
- Vonarburg Élisabeth, *Comment écrire des histoires*, Beloeil : Éditions La Lignée, 1986.

Sites Web

- Manfred Jahn, *Narratology: A Guide to the Theory of Narrative* (en anglais).
- Terminologie et concepts narratologiques : site de Brian Gill.
- *Les Cahiers de narratologie* : revue de théorie et d'analyse narrative.
- Vox Poetica, « La narratologie aujourd'hui ».
- L'atelier de Fabula.org sur la théorie littéraire.

Les Éditions Larousse utilisent des papiers composés de fibres naturelles, renouvelables, recyclables et fabriquées à partir de bois issus de forêts qui adoptent un système d'aménagement durable. En outre, les Éditions Larousse attendent de leurs fournisseurs de papier qu'ils s'inscrivent dans une démarche de certification environnementale reconnue.

PAPIER À BASE DE FIBRES CERTIFIÉES

LAROUSSE s'engage pour l'environnement en réduisant l'empreinte carbone de ses livres. Celle de cet exemplaire est de : **350 g éq. CO_2** Rendez-vous sur www.larousse-durable.fr

Imprimé en Italie par GRAFICA VENETA SPA
Dépôt légal : avril 2021
324715/02 – 11048428 – septembre 2021